o fim das ilusões

Obras do autor publicadas pela Editora Record

O dom de voar
Fernão Capelo Gaivota
O fim das ilusões
Fugindo do ninho
Ilusões
Longe é um lugar que não existe
Manual do Messias
O paraíso é uma questão pessoal
A ponte para o sempre
Um

Richard Bach
o fim das ilusões

tradução de Ângelo Lessa

1ª edição

EDITORA RECORD
RIO DE JANEIRO • SÃO PAULO
2017

CIP-BRASIL. CATALOGAÇÃO NA PUBLICAÇÃO
SINDICATO NACIONAL DOS EDITORES DE LIVROS, RJ

B118f
Bach, Richard, 1936-
O fim das ilusões: as aventuras de um estudante inseguro / Richard Bach; tradução Ângelo Lessa. – 1ª ed. – Rio de Janeiro: Record, 2017.

Tradução de: Ilusions II: the adventures of a reluctant student
Sequência de: ilusões – as aventuras de um messias inseguro
ISBN 978-85-01-10947-7

1. Crônica americana. I. Lessa, Ângelo. II. Título.

16-38352
CDD: 818
CDU: 821.111(73)-8

TÍTULO ORIGINAL:
ILLUSIONS II: THE ADVENTURES OF A RELUCTANT STUDENT

Copyright da tradução © Editora Record 2017
Copyright © Richard Bach 2013

Texto revisado segundo o novo Acordo Ortográfico da Língua Portuguesa.

Todos os direitos reservados. Proibida a reprodução, no todo ou em parte, através de quaisquer meios. Os direitos morais do autor foram assegurados.

Direitos exclusivos de publicação em língua portuguesa somente para o Brasil adquiridos pela
EDITORA RECORD LTDA.
Rua Argentina, 171 – Rio de Janeiro, RJ – 20921-380 – Tel.: (21) 2585-2000, que se reserva a propriedade literária desta tradução.

Impresso no Brasil

ISBN 978-85-01-10947-7

Seja um leitor preferencial Record.
Cadastre-se no site www.record.com.br e receba informações sobre nossos lançamentos e nossas promoções.

EDITORA AFILIADA

Atendimento e venda direta ao leitor:
mdireto@record.com.br ou (21) 2585-2002.

O que a lagarta chama de fim do mundo,
o mestre chama de borboleta.

Introdução

Ilusões. Um livro que, eu tinha certeza, jamais teria continuação. Acrescentar uma palavrinha sequer a ele? Escrever uma história diferente? Impossível.

Era nisso que eu acreditava até 31 de agosto de 2012, trinta e cinco anos após sua primeira edição.

Nesse dia, durante um voo, pela primeira vez na vida após cinquenta e oito anos como piloto sem sofrer um único acidente, eu tive um probleminha. Ele me matou por alguns dias e destruiu meu avião.

Enquanto era levado de helicóptero para o hospital, eu sonhava feliz. Eles acharam que eu ia morrer e fizeram várias coisas com meu corpo já praticamente sem vida.

Acordei uma semana depois no meio de uma cena que me surpreendeu: eu estava no hospital! É tão fácil morrer, quando estamos à beira da morte, sabendo que "morte" é uma parte bonita e graciosa da vida. Sem dor, sem angústia, a sensação de saúde perfeita.

Quando saí do coma, ouvi que precisaria de um ano para me recuperar, para reaprender a falar, ficar de pé, andar, correr, ler, dirigir, pilotar meu avião. O avião que agora estava em destroços.

Eu não sabia por que havia sobrevivido — teria sido por causa de alguma promessa que fiz do outro lado da morte? Não me restava dúvida de que *Puff*, meu hidroavião, precisava voltar a voar.

Para que minha vida seja o que é hoje, tive que sofrer esse pequeno acidente e passar por uma experiência de quase morte. Para poder contar esta história, foram necessários a certeza de Sabryna de que eu me recuperaria por completo de todas as lesões, meus encontros com o Messias Donald Shimoda — de *Ilusões* —, com meus outros mestres, e a reconstrução de *Puff*.

Não há bênção que não possa se tornar um desastre, e não há desastre que não possa se tornar uma bênção.

Será que os desastres violentos sempre se tornam bênçãos? Espero que sim. E também espero poder viver minhas aventuras tranquilas, e escrever sobre elas, sem precisar morrer.

— Richard Bach

34. Após terminar os testes que escolhera, o Mestre os deixou para se dedicar à vida além da Terra. Com o tempo, descobriu ser capaz de transcender a vida de Messias, tornando-se não um professor para milhares de pessoas, mas, sim, o anjo da guarda de apenas uma.

35. O que o Mestre não era capaz de realizar para as multidões da Terra, ele fazia por seu amigo, que confiava em seu anjo e o escutava.

36. Seu amigo adorava imaginar que tinha um companheiro imortal que lhe sugeria ideias em encruzilhadas nos mundos do espaço e do tempo.

37. Quando seu mortal buscava a compreensão, o Mestre lhe oferecia ideias, que surgiam por meio de acasos, na linguagem dos acontecimentos e nas aventuras da vida.

38. O Mestre sussurrava histórias, testes que seu amigo mortal considerava fruto da própria imaginação, fábulas mergulhadas nas ilusões da crença humana, as quais escrevia quando olhava para dentro de si.

39. A partir dessas fábulas, as crenças de seu mortal se transformaram. Ele parou de ser um mero peão dos poderes alheios e começou a traçar o próprio destino. Tornou-se espelho de seu eu superior.

40. Tendo deixado de ser um salvador distante no espaço e no tempo, com a prática o Mestre se tornou professor, passou a dar lições repentinas, ideias cada vez mais perfeitas para que seu mortal compreendesse a vida.

41. O Mestre idealizava todos os testes, ou pelo menos a maioria deles, como um desafio cada vez mais avançado para seu mortal, cad... **critor Richard Bach se encontra em estado crítico desde sábado no Centro Médico Harborview, com fratura na coluna e traumatismo cranioencefálico, após sofrer um acidente enquanto pilotava seu hidroavião, que colidiu com fios de alta-tensão e caiu de cabeça para baixo. Bach perdeu a consciência na cabine, e um incêndio causado pelos fios partidos se iniciou nas proximidades. Ele permanece em estado de coma.**

1

*Deus não protege ninguém.
Todos já são indestrutíveis.*

O pouso foi perfeito, palavra que quase nunca uso para me referir aos meus voos. Segundos antes de as rodas tocarem o solo, elas roçaram o gramado macio e dourado, que farfalhou. Não costumo ouvir o som adorável das rodas tocando a grama. Foi perfeito.

No entanto, assim que as rodas tocaram o campo, não vi mais nada. Não é como se eu estivesse inconsciente, mas parecia que alguém havia colocado uma viseira preta de plástico diante dos meus olhos.

Eu não escutava nada — nem o gramado, nem as rodas, nem o sussurro do vento... tudo era silêncio.

Não estou voando, disse a mim mesmo. Que estranho. Pensei que estivesse voando. Isto é um sonho!

Não acordei, não tentei despertar. Paciente, esperei a viseira se levantar para prosseguir com a Parte Dois do sonho.

Tive a impressão de que a escuridão demorou bastante para ir embora.

Bem ao fundo, ouvi o mais tênue dos sons, o canto dos colibris, subindo e descendo, elevando o sonhador e o levando embora com sua música.

Enquanto o som ia cessando, o sonho continuou.

Já sem a viseira diante dos olhos, percebi que estava no céu, distante, dentro de um cômodo colorido como uma tarde de verão. Havia uma janela, e ao olhar por ela vi que estava a uns quinhentos metros do solo. Diante de mim se estendia uma paisagem agradável: árvores de um tom verde--esmeralda radiante, fontes de folhas sob o sol, um rio azul, calmo e profundo, uma ponte que o atravessava, uma aldeia mais adiante.

Perto da aldeia, num campo, vi um grupo de crianças em círculo. Algumas corriam em volta, participando de uma brincadeira que não consegui identificar.

O lugar onde eu estava era a gôndola de um dirigível de cem anos atrás, embora eu não conseguisse ver o dirigível em si. Sem pilotos, controles, ninguém com quem conversar. Não era uma gôndola? Seria um artefato flutuante?

No lado esquerdo da parede havia uma porta ampla, fechada por uma trava de porta de avião, além da frase:

Não abra esta porta.

O aviso era desnecessário, pois eu estava a uma enorme distância do solo. Aquilo não se mexia. Não era um dirigível? O que mantinha o cômodo no ar?

De repente, surge uma pergunta na minha cabeça: "Você quer permanecer aqui ou voltar?"

Engraçado eu sonhar com uma pergunta dessa. Quero continuar vivendo, pensei. A ideia de vida após a morte é interessante, claro, mas eu tenho um motivo para voltar.

Qual motivo? De alguma forma, eu sabia que minha mais querida amiga estava rezando pela minha vida. Era minha mulher? Por que ela estava rezando?

Eu estou bem, não estou ferido, isto é só um sonho! A morte é uma viagem para um ano no futuro, não para hoje. Eu até gostaria de ficar aqui, mas preciso voltar, por ela.

A segunda vez: "A escolha é sua. Você prefere ficar ou voltar para aquilo que acha que é sua vida?"

Desta vez, eu pensei com mais afinco. Meu fascínio pela morte vem de longa data. Aquela era a minha chance de explorar o que o lugar tinha a me contar. E este não era o mundo que eu conhecia. Eu sabia que era um pós-vida. Talvez devesse permanecer um pouquinho. Não. Eu a amo. Preciso revê-la.

"Você quer ficar?"

Eu não queria morrer de uma hora para a outra, sem me despedir dela. Eu me senti tentado a ficar, mas não estava morrendo, aquilo não passava de um sonho. Eu vou acordar, sim, por favor. Tenho certeza.

Nesse momento, o lugar onde eu estava — a gôndola — sumiu, e por meio segundo vi abaixo de mim mil pastas de arquivo, cada uma representando uma possibilidade de vida. No instante em que mergulhei em uma, todas as outras sumiram.

Abri os olhos e acordei num quarto de hospital. Outro sonho. Vou acordar depois.

Eu nunca havia sonhado com hospitais, não gostava muito deles. Não havia como descobrir o que eu fazia ali, mas era o momento de ir embora. Eu estava numa cama de hospital, rodeado por trepadeiras de plástico que saíam de algum lugar em meu corpo. Não me pareceu um bom lugar para ficar. Um monitor mostrava algo. Meus pulsos estavam amarrados à grade lateral da cama.

Que lugar é este? Oi, eu estou acordado! Acabem com este sonho, por favor!

Nada mudou. O sonho me pareceu real.

Ao lado da cama estava a mulher que eu conhecia. Seria minha esposa? Não. Eu sabia que a amava. Ela esticou o braço, exausta, mas com afeto, amor, alegria. Como se chamava?

— Richard! Você voltou!

Eu não sentia dor alguma. Por que estava amarrado?

— Oi, querida — disse eu.

A sensação era de que minha voz... minhas palavras saíam em outro idioma, com sílabas entrecortadas.

— Ah, muito obrigada, querido. Oi! Você voltou! — Seus olhos estavam marejados. — Você voltou...

Ela desamarrou meus pulsos.

Eu não fazia ideia de como havia parado ali, do motivo por que ela chorava. Será que, de alguma forma, meu sonho estava relacionado àquele lugar estranho? Senti uma enorme necessidade de descobrir o que estava acontecendo.

Mas eu precisava dormir, fugir daquele hospital terrível. Um minuto depois, sorri para ela e parti outra vez. Sem sonhar, sem compreender, sentindo-me bem mas exausto, afastando--me da consciência e entrando em coma outra vez.

Antes de acreditar, escolhemos em que queremos acreditar. Então fazemos um teste para saber se é de verdade.

Voltei a acordar... outra vez no hospital!
E ela ainda estava lá.
— Você está bem?
É minha mulher, pensei. Não consigo me lembrar do nome dela. Não é a minha mulher? Eu a amava.
— Sim. Onde estamos? Quer dizer, fora esses cabos, esses tubos. O que está havendo? Para que servem? Já é hora de irmos embora?
Minha voz soava como uma nuvem desgarrada, mal parecia inglês. Ela não havia dormido.
— Você se feriu — respondeu ela. — Estava quase pousando quando os fios...
Não é verdade, pensei. Não vi nenhum fio. Um acidente? Nunca sofri nenhum acidente. Em mais de cinquenta anos de voo, eu nunca sequer passei perto de fios de alta-tensão. Eu me lembrei do som dos pneus roçando na grama.

— Os fios estavam no chão?

— Disseram que você acertou os fios no ar.

— Isso não é verdade. Eles se enganaram. Eu estava a centímetros do solo.

— Está bem, eles entenderam tudo errado. Você está vivo agora, meu querido.

Ela enxugou as lágrimas.

— Eu estava sonhando, foi só isso. Dormi só uns quinze minutos, no máximo meia hora.

Ela fez que não com a cabeça.

— Já faz sete dias. Eu tenho esperado aqui. Disseram que talvez você não resistisse, ou que talvez... morresse por causa do...

— Minha querida! Eu estou bem!

— Eles lhe deram alguns dos medicamentos mais fortes que existem. Você passou dias usando um respirador, ligado a todo tipo de monitor, fazendo tomografias. Seu batimento cardíaco estava... rápido demais. Acharam que o coração poderia parar.

— Impossível! Minha saúde está perfeita!

Ela sorriu com lágrimas nos olhos. Como se já tivesse repetido aquelas palavras mil vezes, disse:

— Você é uma expressão perfeita do Amor perfeito, aqui e agora. Sua recuperação vai ser perfeita. Não vai restar nenhuma sequela.

Foi a primeira vez que ouvi o que ela vinha assegurando aos médicos, aos enfermeiros, a mim, durante a última semana. Ela repetiria isso para mim durante um ano. Repetiria sem parar. E seria verdade.

Ela disse que eu teria uma recuperação perfeita. A equipe médica achava a hipótese bem improvável.

Eu sabia que isso seria verdade. Se eu houvesse me ferido, teria uma recuperação perfeita. Mas eu não havia me ferido! Eu tinha uma pergunta a fazer.

— Você tem carro?

Ela balançou a cabeça.

— Sim.

— Podemos ir embora agora?

— Você ainda não está pronto.

Longo silêncio. Próxima pergunta.

— Posso pedir um táxi?

— Espere só mais um pouco.

As perguntas pousavam em mim como borboletas. O que havia acontecido? Eu tinha uma vida privilegiada. Por que estou num hospital?

Alguns amigos já haviam sofrido acidentes pilotando, mas eu, não. Será que houve um acidente? Por quê? Eu não tinha motivo para machucar *Puff,* meu querido hidroavião, e ele não tinha por que me machucar. Eu fiz um pouso perfeito, sem sofrer nenhuma avaria. O que está acontecendo aqui?

Eu me perguntei quem ela era. Era uma pessoa bem íntima, mas ainda assim não era a minha mulher!

Tentei encaixar as peças, mas não encontrei resposta. Voltei a mergulhar no coma. Mas ela sabia que eu voltaria. Sabia que eu me recuperaria. Por completo.

Enquanto eu me afastava, ela disse:

— Você é uma expressão perfeita do Amor perfeito, aqui e agora. Sua recuperação vai ser perfeita. Não vai restar nenhuma sequela.

Se queremos terminar esta vida num plano superior ao que começamos, podemos esperar que o caminho seja ladeira acima.

No dia seguinte, meu amigo Geoff, que é piloto e mecânico, deu uma passada no hospital.

— Oi, Richard. Você me parece bem.

— E estou, exceto por todos esses tubos que colocaram em mim. — Minha voz havia melhorado, mas continuava rouca. — Preciso tirar essas coisas, e hoje.

— Tomara que consiga.

— E que história é essa de acidente? Você buscou o *Puff*? Levou-o para casa?

— Levei.

— Ele estava com algum arranhão por causa do pouso?

Geoff refletiu sobre a pergunta e deu uma risada.

— Tem um ou outro arranhão.

— E o que pode ter causado esses arranhões?

Relembrei o pouso. Foi tão suave...

Geoff olhou para mim.

— Eu diria que você bateu nos fios de alta-tensão, bem acima do solo. A roda direita enroscou nos fios. E aí a coisa ficou feia.

— Não é verdade. Não vi nenhum fio, não estive em nenhum acidente. Eu me lembro do que aconteceu antes de tudo ficar preto. Eu estava roçando na grama, prestes a pousar...

— Talvez isso tenha acontecido em outro pouso. Não nesse, Richard. O *Puff* ficou fora de controle a uns quinze metros do chão.

— Você está brincando.

— Quem me dera. Depois de tudo, eu tirei fotos. Quando a roda enroscou no fio, o *Puff* virou de cabeça para baixo, arrastou alguns postes elétricos, e as faíscas causaram alguns pequenos focos de incêndio na grama seca. Ele bateu no chão com a asa direita, depois com a cauda, já de cabeça para baixo. O *Puff* absorveu a maior parte da colisão, que durou alguns segundos. Você sofreu pouco impacto.

— Acho que estou me lembrando...

— Fico surpreso por você conseguir se lembrar de qualquer coisa. Foi um acidente incrível.

— Não senti nenhuma dor, Geoff. Eu estava sonhando, não voando. Fiquei um tempo sem conseguir enxergar, e então eu me vi... em outro lugar.

— Tomara que sim. A situação não ficou nada boa depois do acidente. Um homem tirou você da cabine. Depois chegou um helicóptero e o trouxe para o hospital. Você chegou aqui meia hora depois do acidente.

— E... — de repente, o nome dela — ... Sabryna soube disso?

— Soube. Voamos imediatamente para Seattle. Você estava em outro lugar, ficou apagado por um bom tempo. Havia quem achasse que você ia morrer.

— Decidi não morrer.

— Boa decisão. Viu alguns anjinhos?

— Não que eu me lembre.

— Provavelmente imaginaram que você estava bem.

— Teria sido legal se eles tivessem dito alguma coisa, como "Tenha um bom dia...".

— Eles devem ter feito isso. Você ficou apagado por uma semana.

— Vou me lembrar mais para a frente.

Eu me despedi de Geoff antes de ele ir embora. Então apaguei outra vez.

Diante de cada desastre e de cada bênção, pergunte a si mesmo: "Por que comigo?" Há um motivo, claro. Há uma resposta.

O problema dos quartinhos dos hospitais é que eles não esperam que você esteja de viagem. Minha cama era bem estreita, e não havia espaço para eu me mexer, só para ficar deitado de barriga para cima, acordado, ou de bruços, dormindo.

Eu fechava os olhos durante o dia, e o cinza do quarto se transformava harmonicamente no cinza do sono. De vez em quando, a escuridão por trás dos meus olhos reluzia, tomada por ações e cores.

Um sonho? Era nebuloso. Um lugar longe do hospital? De qualquer forma, entre ser um sonho ou um lugar distante, eu preferia a segunda opção.

A névoa se dissipou. Vi um campo de feno ressecado, recém--aparado no auge de um verão dourado.

E lá estavam o biplano *Travel Air* de Donald Shimoda, todo branco e dourado, silencioso àquela hora da manhã, e meu pequeno biplano *Fleet*. E, quando saí de trás do motor, lá estava ele, sentado no feno, encostado na roda do avião, esperando por mim.

Nem parecia que quarenta anos haviam se passado... ele não envelhecera nem um dia sequer. Alguma coisa estava acontecendo com o tempo.

O mesmo jovem mestre carateca que sempre povoara a minha mente, o cabelo negro, os olhos escuros, o vislumbre de seu sorriso breve, as antigas lembranças, tudo aconteceu naquele momento.

— Oi, Don. O que está fazendo por aqui? Pensei... que você estaria bem longe.

— E você acha que existe um "bem longe"? Sua crença de tempo e espaço nos separa, não é?

— E a sua não? Já não faz anos desde que...?

Ele começou a rir.

— Eu estou separado? Espero não estarmos separados um do outro. Meu trabalho é compartilhar as suas crenças. — E, em seguida, continuou: — Você não faz ideia de quantos anjos existem e tomam conta de você.

— Cem — respondi com um sorriso.

Ele deu de ombros. Eu chutara um número alto demais.

— Seria esse o número se você estivesse passando por algum problema, para evitar que deixasse de se importar com esta vida, se não soubesse que há testes que precisa encarar.

— Alguém encrencado, algum jovem na cadeia?

— Existem dezenas de anjos para os jovens. Eles tentam apenas se fazer escutar, dizendo a eles que, neste exato momento, são amados.

— Não comigo.

— Você entendeu. De vez em quando.

— Eles não falam comigo.

— Falam, sim.

— Não que eu me lembre.

Ele riu, como se de repente alguém que ele conhecesse estivesse bem atrás de mim.

— Não olhe para trás.

Não olhei.

— Fernão Capelo Gaivota.

Uma voz suave, gentil.

A mesma voz que eu ouvira décadas atrás, enquanto caminhava sozinho naquela noite. Na época, eu não entendi o que significava.

— Era você?

Voltei a ouvir a voz.

— Comece a nivelar antes do previsto.

Fechei os olhos e me virei para trás, rindo.

— Você estava no meu avião, em Ingolstadt, Alemanha, 1962. Não havia espaço para você, mas eu ouvi sua voz atrás de mim. Eu interrompi a manobra e escapei das árvores por pouco.

Foi então que eu me dei conta. Era uma voz feminina.

— Vire para a direita — disse ela.

— Verão de 1968 — respondi. — Posso abrir os olhos?

— Não, por favor.

— Havia outro avião pousando, vindo na minha direção. Quando virei à direita, nós saímos de sua rota.

— A mão de Deus.

— No deserto, 1958. Eu ia me espatifar no chão. Houve uma...

— ... corrente ascendente. Levantou seu avião...

— Levantou? Os rebites estavam pulando, a força chegou a nove G e me fez desmaiar. Quando acordei, estava no ar, seguro outra vez.

— Quando eu falei, você escutou.

— Eu nunca entendi aquilo. Fazia frio no deserto, eram as primeiras horas da manhã, eu estava descendo para trezentos e cinquenta nós e entrando no raio de ação da artilharia, ganhei altitude tarde demais, sabia que ia me estatelar no chão. Então apaguei, e uma explosão levantou o F-86 como se ele fosse um brinquedo. Eu sabia que não podia ser uma corrente ascendente. Nunca compreendi o que aconteceu. Ninguém nunca me explicou.

— Eu expliquei.

— Eu disse isso na época! Sim, eu entendo, a mão de Deus! Mas como foi que...

Dava para sentir que ela balançava a cabeça.

— Você ainda não entendeu, não é?

Abri os olhos e vi a imagem de uma linda névoa se dissipando.

— Quando você se metia em problemas, nós lhe dávamos alguns segundos para fazer algo, se possível — continuou.

— Uma vez, quando você não conseguiria fazer nada, nós mudamos o espaço-tempo. Você pode chamar essa única vez de "corrente ascendente".

— Mas eu estava a trinta graus na descendente — comentei, virado para onde ela havia estado. — Sete toneladas descendo a trezentos e tantos nós... Não há corrente ascendente que...

Ouvi uma risada.

— A mão de Deus — disse ela.

— E onde você estava quando *Puff* e eu sofremos o acidente?

— Você precisava aprender o que é a cura. E precisa aprender mais. *Puff* está bem. O espírito dele está bem.

— E com relação a mim?

— Você é uma expressão perfeita do Amor perfeito, da Vida perfeita, aqui e agora.

— Você precisa ficar invisível?

Não houve resposta.

Eu me virei de volta para Shimoda.

— Ela pediu que você não abrisse os olhos — constatou ele.

— Por que é tão importante eu ficar de olhos fechados?

— E por que é tão importante você ficar de olhos abertos? Por acaso eles lhe contam a verdade? Mesmo quando ela não vive no seu mundo de espaço e tempo?

— Bem...

— Você vai voltar a vê-la. Lembra-se da vez que escreveu sobre uma tripulação de anjos a bordo da embarcação da sua vida?

— Lembro. Um navegador, um guarda, um marceneiro e um especialista em velas para manter a embarcação funcionando, gajeiros trabalhando nos mastros, ajustando as velas, enrolando-as durante as tempestades...

— Ela também está lá. Você é o capitão, ela é sua imediata. Você vai voltar a vê-la.

Imediata, pensei. Que saudade eu senti dela! No silêncio do campo, eu tive tempo para pensar.

— Você não gostava do trabalho de Messias. Você mesmo disse. Era gente demais, muitos esperando um show de mágica, ninguém se importando com os motivos. E o drama: alguém tinha que matar você.

— Ah, isso é bem verdade.

— E então? Em que você trabalha agora?

— Em vez de multidões, eu tenho uma pessoa. Em vez de mágica, talvez haja compreensão. Em vez de drama, há... bem, o drama ainda existe. Seu acidente aéreo foi dramático, não concorda?

Mais silêncio. E lá estava o acidente outra vez. Por que ele tocou nesse assunto?

— Alguns de nós tentamos ser Messias. Ninguém se saiu bem. Multidões, magias, suicídios, assassinatos. A maioria deixou o trabalho. Todos, diria eu. Nenhum de nós imaginava que algumas ideias simples causariam tanta resistência.

— Resistência a quê? Quais ideias?

— Você se lembra do que ela disse? "Você é uma expressão perfeita do Amor perfeito."

Assenti com a cabeça.

— Pois essa é uma ideia.

Sabryna também.

— Lembro. Aqui, eu me senti curado, do jeito que ela disse. Nenhuma dor, nenhuma lesão, pensamentos lúcidos. Mas lá, no hospital... alguma coisa aconteceu. O acidente aéreo?

De manhã cedo, não havia clientes para os nossos voos.

— Por que você, Richard? — perguntou ele. — Você acha que um acidente "aconteceu" porque não tem controle sobre os acontecimentos?

Ele não dizia uma palavra sobre sua vida, sobre o que acontecera com ele, sobre quem se tornara.

— Responda — pediu. — Fiquei curioso. Por que você acredita que sofreu um acidente aéreo?

— Eu não sofri nada! Eles disseram que as rodas acertaram os fios de alta-tensão, Don! Eu nem vi esses fios!

— Isso explica. Você é um mestre quando as coisas vão bem, mas é uma vítima quando as coisas fogem do seu controle.

Ele estava rindo de mim.

— Eu não vi...

Qualquer outra pessoa diria que ele estava louco, mas não eu.

— Eu me pergunto por que você convenceu todo mundo de que sofreu um acidente.

Eu estava decidido a não ser uma vítima, mesmo que, na verdade, fosse.

— Pela... pela primeira vez, Don, eu tinha... tinha que lutar pela vida. Eu nunca havia precisado fazer isso.

— Mas agora vai. E você sabe que vai vencer.

Sua convicção me fez sorrir.

— Bem aqui, eu diria que sim. Neste sonho, eu já venci. No outro lado, alguma coisa aconteceu. Já não tenho tanta certeza. Será que o mundo tem lados?, pensei. Neste lado, eu estou perfeito. No lado mortal, eu posso morrer?

— Não há lados — comentou ele. — Você tem razão. Um deles é um sonho, mas o outro também é. Existem crenças. Aqui, você acredita que está bem. Lá, acha que vai lutar pela vida. Mas e se você não for capaz?

— Mas é claro que sou. Eu... já sou perfeito, aqui e agora.

— Muito bem.

— Nada pode nos machucar, nunca. Pode?

Don sorriu.

— As pessoas morrem o tempo todo.

— Mas não estão machucadas. Elas vêm para cá, ou vão para um lugar parecido com este, e voltam a ficar perfeitas.

— Claro. Se elas quiserem. Morrer, o fim da vida, isso não passa de uma crença. — Ele franziu o cenho. — Você não gosta de hospitais. Para você, os médicos são desconhecidos. Mas, de repente, eles entram na sua vida. Então, o que você faz com eles, a respeito deles? Você vive, um dia após o outro, se esforçando para se afastar das suas ilusões de que está ferido e se aproximar da crença da pessoa que você achou que era. Outra crença errada. Ainda assim, é a sua crença.

— Você é um pensamento materializado, não é, Don? Não é uma imagem real. Isto aqui é um sonho, o campo, os aviões, o sol radiante, não é?

Ele piscou para mim.

— Não sou uma imagem real — disse ele. — Imagens reais não existem. A única coisa real é o Amor. Eu sou um pensamento materializado, assim como você. — Ele esboçou um sorriso. — Estamos vivendo nossas próprias histórias, você e eu, não estamos? Damos a nós mesmos uma história que nos parece difícil, e vamos terminá-la agora ou mais tarde. Não importa o que os outros pensam de nós, certo? Importa o que pensamos de nós mesmos.

Suas palavras me surpreenderam.

— Não existem imagens reais? Nem como pensamentos materializados?

— Também aqui tudo são crenças. Eu posso mudar isso, você também, quando quiser. Este campo, os aviões, você pode mudar tudo conforme sua vontade. Para você, a Terra é mais difícil. Você está convencido de que vai demorar mais na Terra.

Ele ergueu um fiapo de feno e o fez flutuar no ar. Eu sabia que ali, naquele lugar, também era capaz de fazer essas coisas.

— O que é verdade para você, Richard? Quais são suas maiores crenças?

Naquele lugar, tendo quase morrido, era fácil encontrar aquilo em que queria crer. Não era perfeito, mas, para mim, já significava um passo à frente.

"Sempre que achamos que estamos feridos, nossa primeira cura é a mental.

Conceber ideias faz com que aconteçam coisas conosco, testes, recompensas.

O que parece um acontecimento terrível serve, na verdade, para o nosso aprendizado.

Os outros nos inspiram com suas aventuras, e nós os inspiramos.

O Amor nunca se afasta de nós, nunca nos abandona.

E uma ideia que eu peguei de você, Don: nenhuma vida mortal é verdadeira. Elas não passam de imaginações, aparências, Ilusões. Nós roteirizamos, dirigimos e protagonizamos a vida das nossas próprias histórias. Ficção pura."

A última frase me arrastou de volta — vi uma imagem nebulosa, meu corpo inconsciente na cama do hospital na Terra, o mundo dos queridos mortais à minha direita, o mundo do pós-vida e seu campo de feno à minha esquerda. A única realidade era o Amor. Não havia imagem, não havia sonho, apenas Ele.

Quando aconteceu, não me pareceu um sonho. Eu estava comandando meu avião. Alguma coisa aconteceu: antes, a escuridão e aquele cômodo no ar, depois o encontro com Shimoda. Como aquilo era possível? Como eu poderia estar em um hospital enquanto *Puff* estava em perfeitas condições, a centímetros do solo?

Eu tinha uma lembrança cristalina do que acontecera. Será que todas as lembranças da minha vida tinham sido falsas? Meu avião já estava em terra. Não havia fios de alta tensão no solo. Não havia como acontecer nada. No entanto, se nada aconteceu, como eu poderia acordar naquele lugar, ou num hospital? Não era possível, eu tinha uma imagem tão cristalina. Estava voando pouco acima da grama.

— Você se lembra do que me disse? — perguntou Shimoda.

— As ilusões são aparências. Não são reais. Você acha que as suas lembranças são reais, mas *nada neste mundo é real*!

— E como eu posso saber se é real? — Eu me lembrei de quando voávamos. Não era quarenta anos antes, era naquele exato momento. O sol que nos aquecia, os aviões, o campo de feno aparado. — Você está dizendo que este mundo, nossos planos de voar com os passageiros, os lugares onde aterrissamos, nada é real?

— Nem um pouco.

O hospital era meu último sonho. Já não havia mais tubos no meu corpo, eu me sentia bem, feliz por estar com meu amigo, com seu *Travel Air*, com meu *Fleet*. O hospital era real?

— O hospital... — continuou ele —, também é um sonho. Nossos planos de voar com os passageiros, isso é um sonho. Se ele cresce, muda, se está sujeito ao tempo e ao espaço, é um sonho, mesmo aqui. Você discorda, não é? Você acha que é verdade, a verdade dos aviões, não acha?

— Don, há um minuto achei que estava num hospital. Então pisquei e cá estou, acordado outra vez, com você e os aviões!

Ele sorriu.

— Tantos sonhos...

Aquele sorriso me alterou. Havia algo de errado.

— Meu avião. Ele está aqui, porém eu não sou dono do *Fleet*, não mais. Eu o vendi faz anos.

Ele me encarou com um olhar inquisitivo.

— Está pronto para voar? — perguntou.

— Não.

Ele assentiu com a cabeça.

— Certo. E por que não?

— Porque isto aqui também é um sonho.

— Claro que é. Nada disto é real, são apenas sonhos de lições, que vão durar até que você saia da escola.

— Da Escola de Sonhos?

Ele esboçou um sorriso e fez que sim com a cabeça. Os aviões oscilaram, alguma rajada de vento repentina desfocou seus contornos. Assim que enxergamos alguma coisa como imagem, ela começa a mudar, pensei. Quando eu estava com ele antes, as imagens do chão e da água, de chaves inglesas e de vampiros, tudo mudava. Crenças? Crenças.

— Sua memória — disse ele. — Sua lembrança do pouso é clara?

— Claríssima! O som! Eu ouvi o som das rodas resvalando na grama...

— Será que você não pensou que o acidente tinha sido tão violento que era melhor não ver? Você não acha possível ter criado uma imagem fictícia na sua mente só para ter na lembrança?

Talvez. Mas isso nunca me aconteceu, pensei.

Ele sacou um livreto do bolso da camisa e o abriu. Olhou para mim, não para as páginas, e recitou o que estava escrito:

— "Ninguém vem à Terra para se esquivar dos problemas. Estamos aqui para encará-los."

Tomara que eu seja a exceção, pensei. Prefiro me esquivar desse problema, por favor.

— Eu preciso acreditar nas minhas lembranças. Esta é a minha memória, e não uma imagem! Eu estava a centímetros do...
— Pisquei. — Seu *Manual do Messias*! Ele ainda está com você?
— Você prometeu acreditar nas suas lembranças, mesmo que não sejam verdadeiras? Este aqui não é o *Manual*. É...
— Ele fechou o livro e leu o título: — *Máximas menores e períodos de silêncio*.
— "Máximas menores"? Não tão poderosas quanto o *Manual*? Ele me entregou o livro.

*P*or *que você, e por que agora? Porque você pediu que assim fosse. Este desastre é a chance pela qual você rezou, seu sonho realizado.*

Eu rezei para isso acontecer? Para me ver à beira da morte? Eu não me lembro de ter rezado para sofrer um acidente aéreo. Por que rezaria por esse acontecimento específico? *Por que eu?*

Porque o acidente beirava impossível, foi por isso. Porque ele exigiria uma determinação férrea, dia após dia, semana após semana, mês após mês, e mesmo assim poderia me impor uma série de dificuldades. Eu precisava saber se as minhas crenças superariam cada um dos problemas.

Os médicos precisavam falar sobre o que poderia acontecer, sobre como minha vida nunca voltaria a ser como antes. Eu teria que contrapor todas as crenças deles, uma a uma, com as minhas próprias crenças, crenças que eu considerava verdadeiras.

Eles poderiam se apoiar em todo o conhecimento da medicina ocidental, que se baseia na matéria, e eu poderia me apoiar no que pensava ser o espírito, me aferrar a ele, mesmo que meus sentidos não o captassem.

Eu sou uma expressão perfeita do Amor perfeito, aqui e agora.

Para mim, aquilo era mais importante do que viver neste mundo, neste corpo. Antes, eu não sabia disso.

Balancei a cabeça, virei a página.

Invenções animais malsucedidas:
Lobos em pernas de pau.

— *Lobos em Pernas de Pau?* Como isso afeta a minha vida, Don?

— É uma máxima menor. Talvez não afete sua vida em nada.

— Ah. E quem escreveu este livro estranho? Você o carrega no bolso.

— Você.

— Eu.

— Você não acredita em mim, né?

— Não.

— Abra na última página.

Abri. E eu escrevera o posfácio. Era sobre o carinho que sentia por aquele rebanho de ovelhas que eram as ideias nunca postas em papel. E assinei ao fim.

— *Lobos em Pernas de Pau?*
— Você é bondoso. Quantas ovelhas adorariam ver os lobos praticando?
Sorri.
— Algumas. E isto nunca foi publicado? Não me lembro.
— Talvez você mude de postura a respeito das lembranças esquecidas, talvez não.
— Eu quero me lembrar do que aconteceu com *Puff* e comigo, Don, e não do que a minha mente colocou no lugar!
— Interessante. Você quer rever o pouso tal como aconteceu na crença pela qual rezou, e não de acordo com o que se lembra?
— Isso!
— E você vai saber que, seja lá o que apareça, não é real?
— "Eu sou uma expressão perfeita do Amor perfeito."
Ele sorriu e assentiu.

e, de repente, passada a manhã, eu pairava no ar em uma tarde ensolarada. Não era um sonho, eu estava voando outra vez, e *Puff* guinava na direção do campo da fazenda. Eu só pensava no pouso. Rodas abaixadas, flapes abaixados. Eu estava a quatrocentos metros do solo e não precisava consultar os instrumentos.

A cobertura da cabine estava aberta, eu conseguia ouvir a velocidade aerodinâmica. Soava um pouco excessiva, então empurrei o manche para o motor girar um pouco mais devagar. Estou voando um pouco alto, quero um pouso suave na grama, que dia lindo, estamos vivendo em uma pintura, não é, *Puff*?

Puff não respondeu. Simplesmente escutou, falou comigo pelo som do vento, pelo som do motor, pela imagem das copas das árvores à esquerda e à direita, pelo clarão à frente durante a aproximação.

A vinte metros do chão, estávamos no nível das copas das árvores, então descemos bem suave na direção do solo. A grama da pista de pouso estava aparada mais à frente, mais alta nos terrenos mais silvestres das zonas circundantes. Grama seca, da cor do crepúsculo.

Ouvi um leve silvo na roda direita, e, no instante seguinte, em câmera lenta, os controles de voo falharam. De uma hora para outra, *Puff* perdeu o controle. Isso jamais havia acontecido comigo. Ali, eu não era mais piloto, apenas um passageiro. *Puff* caiu.

Será que eu quero mesmo viver isso? Talvez seja melhor simplesmente esquecer...

Os fios de alta-tensão rasparam no aço do trem de pouso direito, e as faíscas começaram a se espalhar como um chafariz de fogos de artifício, uma neve incandescente de alta voltagem que, após um instante, emitindo o som de um maçarico de corte, se transformou em uma cascata branca e ígnea que caiu lentamente sobre o campo.

Puff tombou enquanto se aproximava da pista de pouso, como se alguém tivesse lhe dado uma rasteira. Eu também estava tombado, submetido de repente a uma altíssima força G negativa, um impacto que turvou minha visão e me cegou — eu só via a cor do sangue. *Puff* estava praticamente de cabeça para baixo. O peso do hidroavião arrebentou os fios de alta-tensão em um centésimo de segundo. Dois postes telefônicos caíram atrás de nós, e um rastro de fios e faíscas formou-se no chão.

No instante seguinte, *Puff* se libertou dos fios e virou. Se houvesse mais uns cem metros até o solo, ele teria nivelado. Estaria chamuscado, mas voando.

Mas *Puff* se libertou dos fios a apenas dez metros do solo. Virou para a direita o quanto pôde, tentando pelo menos salvar minha vida.

Foi então que sua asa direita bateu no chão. E, como se a terra fosse uma gigantesca pedra de amolar, a parte externa da asa desapareceu.

O cinto de segurança e a proteção de ombro comprimiram meu peito, quebraram costelas, me mantiveram preso à cabine.

Já de cabeça para baixo, a pedra de amolar se aproximou mais três metros e nos jogou de lado a dois metros. A um metro, ela fez a hélice parar de girar, depois esmagou o motor na minha nuca enquanto éramos comprimidos de cabeça para baixo. Senti a proteção de ombro quebrar algum osso nas minhas costas.

Será que a gasolina vazava do tanque de combustível, que agora estava em cima de mim? Se a gasolina caísse em cima do motor quente, causaria uma explosão com um clarão lindo e colorido.

Mas não havia fogo na cabine. De repente, tudo parou. O cenário estava complemente imóvel. Ninguém se mexia — nem *Puff*, nem eu mesmo, ali, de cabeça para baixo em sua cabine.

Obrigado, querido *Puff*...

Foi então que surgiu a viseira preta de plástico diante dos meus olhos. Foi isso que aconteceu. Ou, ao menos, o que pareceu acontecer. Nada no espaço-tempo é real.

Um tempo depois, outra vez sem a companhia de Shimoda, eu estava no dirigível, pairando sobre outro mundo. Aquilo tampouco era verdade.

Tudo no espaço e no tempo não passa de um sonho.

— Vamos — disse Shimoda, sabendo que um sonho havia acabado e que era hora de outro.

Sem ligar os motores, sem decolar, de repente estávamos voando. Eu ia à sua direita, como ala.

Ele me observava do outro lado do abismo que separava nossos aviões, sem dar uma palavra sobre o sonho do acidente.

— Aproxime-se um pouquinho — disse.

Com uma vida de experiência de voo, meu primeiro instinto era voar, sem me lembrar dos sonhos. Nada mais me importava. Eu estava voando. Tive a impressão de que estávamos muito próximos um do outro naquele voo em formação, com menos de dois metros entre as aeronaves. Reduzi ainda mais a distância, para apenas sessenta centímetros entre minha asa e a dele. Isso era possível porque o ar estava suave como o mel. Mas aquele era o meu limite. Eu nunca havia tocado outro avião em pleno voo.

— Mais um pouquinho — pediu ele.

Fiquei chocado. Mais perto?

— Você quer que eu toque a sua asa?

— Afirmativo. Toque, por favor.

Por um instante, pensei que aquele mundo fazia parte de um espaço e um tempo diferentes dos da Terra. Apostei que ali dois objetos podiam ocupar o mesmo lugar no espaço, acreditei nisso. Ele nunca teria me pedido para tocar seu avião se isso fosse destruí-lo.

Assenti para ele. Lá vamos nós. Se eu errar, o céu atrás de nós vai ficar salpicado de fragmentos.

Devagar, adiantei um pouco as asas, com a ponta de uma delas a centímetros do elerão dele.

De repente, quando eu estava a ponto de tocar as asas dele, a rajada de ar que passava por cima da superfície das aeronaves se transformou em sucção e arrastou minhas asas na direção do *Travel Air*. As duas voaram juntas, fundidas uma na outra, mesclando alguns centímetros das asas, as cores vibrando.

— Ótimo — disse ele. — Neste mundo não existem colisões aéreas, percebeu? Pode ir em frente, tudo aqui são espíritos e mentes, nenhuma lei do espaço e do tempo se aplica. Ao menos, nenhuma que você não possa infringir. — Ele sorriu.

— Mas nem tente fazer isso na Terra, ok?

Imprudente, eu me aproximei sem dar uma palavra. Meu propulsor entrou girando em suas asas. Não houve uma explosão colorida de tela e madeira voando pelos ares. Não perdi o controle do avião e bati no dele. Dois aviões distintos, e a metade deles ocupava um só espaço.

Quando regressei para o ar livre, tanto as minhas asas quanto as dele estavam intactas. Não eram dois aviões de fato, mas a ideia de dois aviões, ambos perfeitos, inalterados pela destruição que os mortais teimavam que havia quando aviões se tocavam no ar, ou batiam em edifícios, ou no próprio solo. Naquele mundo pós-vida, se você quisesse, poderia pilotar seu avião através de uma montanha.

Será que isso também valia para nós? Quando somos a ideia das expressões perfeitas do amor, será que as colisões, os acidentes ou as doenças não são capazes de nos afetar?

— Ah — disse eu. — Aqui não tem hospitais.

Ele poderia ter dito "Pois é", mas não o fez.

— Nós temos hospitais. Os hospitais são pensamentos materializados, sonhos. Servem para pessoas que acreditam na morte causada por doenças.

Que ideia mais esquisita, pensei. Eu achava que qualquer um que morresse por causa de uma doença se sentiria instantaneamente bem assim que deixasse o mundo dos mortais. Era o que estava acontecendo comigo, em estado de coma.

Os dois aviões estavam a salvo. Eu estava tão acostumado à ideia de que, se me atrevesse a tocar outra aeronave em pleno voo, morreríamos todos! Mas não foi o que aconteceu. Nós nos fundimos um pouco, e ninguém se feriu.

Ele se afastou, numa inclinação acentuada para a esquerda, e eu acelerei a aeronave e inclinei as asas no mesmo ângulo das dele.

— Uma ideia, uma expressão do amor, é indestrutível — disse ele. — Por que *Puff* não se feriu? Você vai ver. O espírito dele permanece intacto, mesmo que, no tempo da Terra, seu corpo esteja destruído.

Eu vou ver? Vou ver meu futuro? Que boa notícia! Pensei em tudo enquanto mantinha o *Fleet* em formação, ladeando quando o *Travel Air* ladeava para não me afastar dele, dando potência. Que prazer é voar com ele!

— "Você é uma expressão perfeita do Amor perfeito, aqui e agora" — disse ele. — Primeiro acredite nisso, depois entenda, e seu corpo material será curado.

— E os médicos dizem que a causa da cura reside em seus conhecimentos, nas cirurgias, nos medicamentos!

— E às vezes reside, sim. Às vezes eles se dão conta de que seu amor e suas crenças realizam as curas.

Meu corpo estava travado numa cama naquele cômodo cinza, de concreto, na minha crença de espaço e tempo que alimentara uma vida inteira. Mesmo assim, naquele momento, sobrevoávamos um lugar tão lindo quanto a Terra.

Que professor magnífico era Shimoda. Mude a minha mente, ensine meu eu espiritual a sobrevoar as lindas terras de espírito... já estou curado.

— Eu não sou seu único professor — declarou ele.

— Hã? Conta outra.

Seu avião desceu até os campos e sobrevoou as encostas coloridas.

— Conte você. Nenhuma das vidas que você imaginou, que criou com suas palavras, é fictícia. Enquanto escrevia, você viu seus espíritos, e, com isso, eles ganharam vida no seu mundo. E esses professores o acompanharão para sempre.

— Todos os meus personagens?

— Todos os seus e mais outros que você amou.

— Bethany Furão, Boa, Cheyenne, Chuvisco?

— Mais.

— Fernão Capelo Gaivota? Tink? Minha pequena Fada das Ideias?

— Claro. E Fletcher, e Connie Shak Lin e o Pequeno Príncipe, Nevil Shute e Antoine de Saint-Éxupery, Ray Bradbury. Pense neles, pergunte por eles, e a crença de uma imagem vai aparecer para você. E eles vão surpreendê-lo. Você sabe disso.

Sim. Em segredo. Eu converso com os autores que adoro.

— Nevil Shute e Antoine de Saint-Éxupery — repeti. — Meu amigo Ray Bradbury. Eles não são personagens fictícios.

— Deixe-me adivinhar. Eles vivem dentro de você, não vivem? Do mesmo jeito que você vive em alguns dos seus leitores. Você acha que tem apenas uma vida, atrelada à sua ideia de corpo?

— Ah, por favor. Você só pode estar brincando comigo.

— Ah, estou? Você também é fictício, Richard, embora esteja sonhando com uma vida que não pareça ficção. — Ele deu uma risada. — O mesmo vale para... você que me perdoe, mas o mesmo vale para a minha própria vida ficcional.

Olhei para o *Travel Air*, que flutuava no ar, a dez metros de distância. Ali estava meu professor, que outrora fora o Salvador, mas que se tornara meu amigo.

— Donald Shimoda, você é um personagem fictício, mas parece tão real!

— Você também.

No meio do campo, lá embaixo, vi uma pista de pouso larga e de grama. De um lado avistei um hangar de madeira e um J-1 Standard biplano estacionado. Eu já havia decolado dali!

— Vou descer — informei. — Eu conheço este lugar.

— Divirta-se. Dizem que você só pode pousar ali quando sua vida na Terra chega ao fim. Mas não sei se isso é verdade.

Claro que ele sabia.

— Posso pousar sem ninguém ver?

— Se quiser, pode tentar. Aqui o tempo é diferente. Você vai encontrar seu cachorro, Lucky, quando pousar. Vai encontrar alguns velhos amigos. — Ele começou a fazer uma ampla volta, sobrevoando a pista de pouso. — Os espíritos dos mortais já estão aqui, nunca vão embora quando uma pessoa decide nascer, se tornar mortal.

Que terra linda. Ele sabia sobre um eu que não consigo imaginar, e sobre meu cachorro. Eu sentia tanta falta do Lucky. Ele tinha razão. Se eu visse Lucky outra vez, ficaria ali.

O tempo é diferente? "Quando nascemos, só levamos parte da nossa essência para a Terra?" O que faz a outra parte enquanto somos mortais? Sugere ideias para refletirmos, escrevermos, sugerem formas de viver? Parte da nossa essência é nosso guia espiritual?

— Você é, Donald, você é...? — As coisas ficaram complexas demais. Eu não queria saber. — Não importa.

— Vamos deixar algumas coisas para mais tarde.

— Eu não vou pousar. Preciso rever Sabryna, terminar meu tempo de vida na Terra. Eu devo isso a ela. Ela não deu permissão para que eu morra num acidente. Sua prece era uma afirmação: "Você é uma expressão perfeita do Amor perfeito, aqui e agora."

— As afirmações são nossas formas de prece mais elevadas. Elas são o Amor. Você sabe disso.

Seu avião sumiu em meio à neblina, ou fui eu que desapareci, pensando na vida na Terra.

Os controles do *Fleet* tremeluziram e se desvaneceram, o mundo ficou cinza num tom de entardecer, da cor do hospital. Pensei no que ele havia falado, na criatividade que demonstramos durante o tempo de vida, nas ficções que se tornam realidade, nessa parte de nós que aguarda em um pós-vida, no paraíso. Em lobos usando pernas de pau.

Uma enfermeira entrou e me viu sorrindo.

— Está acordado? — perguntou.

5

Com um pouco de tempo e um pouco de perspectiva, veremos para que o aplanamento deste lugar tem aberto espaço nas nossas vidas.

ão senti tanta dor durante os dias em que permaneci no hospital. Pelo menos, não que eu tenha me dado conta.

Tive muito tempo para pensar, para imaginar.

Por que um hospital conta com televisões esterilizadas nos quartos dos pacientes, quando, na verdade, precisamos encontrar as vidas fictícias conectadas às nossas? No momento em que mais precisamos vê-los, amigos espirituais acordam na nossa mente, e nossos muros de incredulidade caem de vez!

Segundo Shimoda, os personagens que criei continuaram existindo quando minhas palavras cessaram. A vida deles continua. Eu poderia encontrá-los a qualquer momento, em suas vidas eternas, no meio de suas aventuras não escritas. Eles, todos eles, são meus professores.

Foi então que Bethany Furão entrou sorrateiramente na minha vida, cores brilhantes, cereja e limão, em meu sono irrequieto, as cores da bandeira de seu bote salva-vidas e do cachecol que a tripulação usava.

Que prazer vê-la outra vez. Que festa!

Ela usava o boné de trabalho, e o tocou com a pata.

— Permissão para subir a bordo!

Seu pedido saiu em tom quase solene, mas ainda assim ela esboçou um sorriso ao me rever.

Eu dei uma risada muda.

— Permissão concedida, capitã.

A cama, as imagens, mudaram para a cor nívea de seu bote de resgate, o *J-101 Resolute*, que saía do cais e se lançava suavemente contra as ondas que vinham do oeste.

Pisquei para ela.

— O convidado no barco sou eu! Eu é que deveria pedir sua permissão para subir a bordo.

— Você não tinha como saber, acabou de sair do hospital. Permissão concedida.

Olhei para a popa e vi o rasto alto se ampliar, da cor do sal.

— Isto é só um treinamento?

— Não. Estou indo atrás de uns esquilos a quase meia milha da costa. Eles estão à deriva no veleiro, a adriça se partiu no topo do mastro. Eles entraram em contato pedindo ajuda. Vamos rebocá-los até a costa, perto da floresta.

— E existem muitos esquilos no mar?

Ela sorriu.

— Não tantos.

— Ratos e camundongos — disse eu —, quando uma embarcação com humanos está prestes a afundar. — Isso eu sabia, já havia escrito sobre o assunto.

Bethany assentiu com a cabeça.

— Sim, tem muitos deles, e alguns furões. Os mais aventureiros. Filhotes, na maioria das vezes. Nós nunca... nós quase nunca precisamos resgatar animais adultos.

Uma voz irrompeu no alto-falante no intercomunicador de sua ponte de comando.

— Estibordo tem visão da vela, capitã, posição zero um quatro.

Ela absorveu o que dizia a voz de Kimiko.

— Zero um quatro — repetiu Bethany. Então, lentamente, moveu o leme alguns graus para a direita. — Com licença — disse, e foi falar ao telefone. — Boa, um quarto de milha à frente.

— Um quarto, às ordens.

Os motores perderam potência, o *Resolute* diminuiu o ritmo, suas listras diagonais se agitaram devagar à baixa velocidade.

— Olheiro de proa, vá para a escada de embarque a estibordo.

— Escada de embarque a estibordo, às ordens.

E lá estava o pequeno veleiro. Os esquilos haviam recolhido a vela mestra o melhor que podiam. Pareceram sentir um enorme alívio ao verem que uma embarcação de resgate dos Furões os encontrara.

— Bombordo, prenda o barco para iniciar o reboque.

— Bombordo, às ordens.

Um furão magrelo saiu de seu posto e desceu depressa as escadas para ficar em posição enquanto Bethany virava a embarcação de lado para se alinhar com o veleiro.

— Motores em marcha lenta, Boa.

— Marcha lenta, às ordens.

A cadência do propulsor duplo cessou.

Bethany parou a embarcação ao lado do veleiro. Vincent deu a pata aos esquilos para ajudá-los a subir a escada. Harley pegou uma corda do cunho dianteiro do veleiro, caminhou pelo estibordo e amarrou-a ao cunho do reboque.

— Corda amarrada — informou.

— Boa, em frente a um quarto da potência.

— Um quarto, às ordens.

Os motores reduziram a potência conforme as hélices começaram a se movimentar a um quarto da potência.

— Entendi — falei. — Você continuou com isto muito depois do livro a seu respeito ter sido publicado.

— O livro não era a meu respeito. Era sobre o Serviço de Resgate dos Furões. Antes, não havia uma história sobre ele, mas você a escreveu, e ali estava: quando você fez isso, anos de serviço, toda a nossa história, foram imaginados e se tornaram realidade.

— Anos de história se tornaram realidade quando eu escrevi sobre eles? O livro mudou seu passado?

— Mudou. Suas palavras e sua imaginação tornaram isso possível. Nosso tempo, o tempo das histórias inventadas, se tornou realidade. Posso lhe agradecer?

— Eu não sabia.

— Hoje, esse livro está espalhado por todo o mundo. Hoje, quem o lê também conhece a história. Todas as Crônicas dos Furões, e não só nós mesmos, têm uma historinha discreta que pode mudar muitos de nós, os furões da ficção e também os mortais. Disso você não sabia, né?

— Eu amo essas histórias. E amo vocês, todos vocês.

— Nós também amamos você, Richard. Suas histórias falavam do Código dos Furões, diziam que nunca existiu um furão mau, que nós sempre nos comportamos da melhor forma possível. Talvez ninguém nunca tenha feito ou escrito isso, mas agora é uma realidade, e nada pode apagar o poder da nossa bondade, que demonstramos uns com os outros, e também com os humanos.

Ela apertou o botão do comunicador.

— Oficial de estibordo, o *Resolute* é todo seu. Leve-o até dez patas da praia, perto da floresta, solte o veleiro e a tripulação e os conduza até a margem.

— Às ordens.

Kimiko desceu os degraus como se fosse um raio peludo e se apresentou na ponte de comando.

— Estou à disposição para ficar ao timão, senhora.

— Entendido — disse Bethany, e, depois de me olhar de relance, Kimiko assumiu o leme com a ponta da pata.

A capitã me acompanhou até o convés.

— Essas histórias são o amor na forma escrita. Você sabe disso, não sabe?

— Claro que sei.

— E o amor é a única força do universo. Você nos tornou reais quando ninguém jamais havia feito isso. Você sabia da influência que exercia?

— Não. Eu escrevo sobre aventuras. — Sorri para a capitã. — E também um pouco sobre o amor.

— Volte para a sua existência mortal, Richard. Nossas vidas estão entrelaçadas. Somos seus alunos e também seus professores. Nós nunca morreremos. Nem você.

Ela segurou o cachecol, que era das cores da embarcação e do uniforme da tripulação, e o envolveu no meu pescoço.

— Bethany...

— Isto aqui é um presente da tripulação. De cada um de nós. Enquanto vivermos, carregaremos seu amor dentro de nós.

Antes de sair da embarcação, saudei sua bandeira e também sua capitã, como era costume entre os furões.

— Obrigado, minha querida Bethany.

E ela foi embora. Naquele momento, o *Resolute*, Harley, Kimiko, Boa, Vincent, Bethany, todos se foram. Um livro. Embora, para mim, o mundo dos furões, e seu Código de amabilidade, continue vivo.

Como eu poderia esquecer suas histórias?

6

Ah, as diferenças de consciência entre o lamentar e o morrer!
Uma vê a meia-noite, a outra vê uma aurora gloriosa.
Uma vê a morte, a outra vê a Vida como nunca antes.

Era uma prisão, o hospital.
Como fugir? Nossos olhos, quando fechados, veem de maneira diferente, ouvem de maneira diferente.

O hangar estava escuro, no breu e no silêncio. Lá estavam os destroços do *Puff*, meu hidroavião. Tudo arrumado no chão. Ele parecia morto: o estrago na asa direita, os suportes tortos e arrebentados, toda a parte superior da fuselagem — toda ela, do leme à proa — retorcida, esmagada, achatada pelo pouso invertido. Parecia a morte.

— Ah, *Puff*! — gritei.
— Richard? — respondeu uma voz sonolenta.
— Você está bem? — dissemos eu e ele ao mesmo tempo.
— Eu estou bem, *Puff*. Só alguns arranhões. Mas parece... parece que você absorveu todo o impacto do acidente.

— Não. Você está olhando para o meu corpo mortal. Acho que, se eu visse seu corpo neste exato momento, diria: "Ah!"

Eu ri.

— Eu não sou o meu corpo, *Puff*. Nem você.

— Você está bem.

— Não me lembro do acidente. Há quem diga que eu deveria ter morrido na hora, se não fosse aquilo que você fez a dois segundos do impacto.

— Eu fiz o melhor que pude, Richard. Eu estou bem. Sou indestrutível.

E ali estava ele, a imagem de sua forma perfeita, no alto do hangar, sobre uma grua. A corrente do mundo mortal atravessava sua fuselagem, sem provocar danos, claro. Que símbolo lindo para ele, não havia um único arranhão em sua pintura colorida.

— Que bom que funcionou. Eu gostava de ter um corpo. Por outro lado, essa sensação de perigo... Acho que não me agradou muito a ideia de que a minha vida dependia de um corpo tão delicado, tão frágil, aqui na Terra. Os ventos, a colisão, os fios de alta-tensão. Mesmo assim, existe um motivo para tudo isso.

— Ele estava sorrindo? — Não sei que motivo é, mas existe.

Que pensamento. Se somos espíritos, se somos indestrutíveis, por que devemos nos importar com nossos corpos?

— Nós não temos corpos, *Puff*. Nós os imaginamos porque é divertido, para termos histórias para contar, pelo drama. E isso também valeu para você. Na sua história, você morreria para proteger seu piloto num acidente na Terra.

Permanecemos um bom tempo sem falar. Até que ele quebrou o silêncio com uma voz suave:

— Eu fiz o melhor que pude. Melhor ter acontecido comigo do que com você. Minha asa absorveu boa parte do impacto. — Ele passou um minuto em silêncio, revivendo o momento. — Você também não vai mais poder voar?

— Claro que vou! Eu voei a maior parte da vida, e talvez na Terra demore um pouco mais, porém vou voltar a voar. Talvez alguns meses. Se eu não voar, vou morrer, *Puff*. Não terei motivos para viver aqui se não puder voar.

Puff não teve culpa no acidente. O problema não havia sido dele, e, sim, meu, ao não enxergar os fios de alta-tensão e, de certa forma, por precisar de um desafio para continuar vivendo.

— Desculpe, *Puff*. A culpa foi minha. Não vi os fios.

— Não. A culpa também foi minha. Eu vi os fios, mas, por um segundo, achei que conseguiríamos passar. Errei. Você vai ser reconstruído. Mas você ainda não quer deixar a Terra, quer?

— Eu tenho uma missão, acho. Vou fazer o que for preciso, me reconstruir como era antes. Não vou sobreviver só para ficar em terra! — Minhas palavras seguintes saíram como se eu as tivesse dito nos ermos das minhas lembranças. — Você também, *Puff*. Você salvou a minha vida! Nós dois vamos nos reconstruir.

— Eu também vou? — Uma centelha de esperança. — Você ainda nem saiu do hospital e já está pensando em me reconstruir?

— Em nos reconstruir. Não é isso que exige o espírito? Quando saímos dos destroços das nossas vidas, às vezes, não seguimos em frente e transformamos nossa vida em nossa própria afirmação? "Nós somos expressões perfeitas do Amor perfeito, aqui e agora. Não resta nenhuma sequela."

— É mesmo? Você também vai me reconstruir?

A mera ideia de que eu não o reconstruiria me parecia impensável. Eu faria tudo que fosse necessário e sabia que já havia expressado isso, em alguma conversa durante o meu coma. Eu não me lembrava do que havia acontecido, mas eu fizera a promessa. Se alguma pessoa me dissesse que eu não seria capaz, ela passaria a fazer parte dos escombros. Nós voltaríamos a voar.

— Sim, vou. Eu não sei reconstruir, *Puff*, mas conheço um homem que sabe...

— Na Flórida.

— Na Flórida. Em Valkaria, o aeroporto em que você nasceu no espaço-tempo.

— Como...

— Vou dar um jeito de encontrá-lo. *Puff*, vamos colocar seu corpo, suas asas, seu motor num caminhão e fazer uma viagem de 5 mil quilômetros até o hangar dele.

— Para mim seria um... privilégio... voltar a voar com você.

Eu tinha a palavra dele, e ele, a minha.

E fez-se luz e vida no hangar, que uma hora antes parecia tão sombrio. A luz banhou com a cor do sol os suportes quebrados de *Puff*. Ele voltaria a voar.

— Obrigado, Richard.

— Você sabia, não é? Escutou a conversa. Você ficou imaginando se eu me lembraria.

— Em tese, você não deveria se lembrar.

— E não me lembro. Mas a certeza de que eu sobreviveria, e de que você também, não é uma memória intelectual, mas, sim, uma lembrança emotiva. Eu não me recordo das palavras, não lembro nem se palavras foram ditas, mas foi importante, para mim, saber que voltaríamos a voar.

— Só pensamento, nada de palavras. Algumas partes foram... impressionantes.

Ao ouvir suas palavras solenes, dei uma risada.

— Vai demorar até eu me recuperar, *Puff.* Até lá, você vai... seu corpo vai ser mandado para a Flórida. Então, em três ou quatro meses, vai estar voando de novo. A não ser que prefira sumir dos céus da Terra e passe a voar no seu.

— O céu não é meu, Richard: é nosso. O céu da Terra é a mortalidade, as lições das ilusões. O próximo céu é um... degrau acima. Mas prefiro voar com você, aqui. Temos uma história por terminar, não temos?

— É claro que temos. O acidente foi só um parágrafo na nossa história. Um parágrafo importante, claro. Toda história adora um teste, um desafio que seja capaz de destruí-la. Mas vamos superar isso logo, logo. Meu corpo será curado, e o seu também. E então voaremos.

— A escolha é sua. Para os mortais, vou ficar adormecido, não vou passar de um monte de destroços. Mas eu, o verdadeiro eu, vou voar no céu do espírito. Ainda assim, quando você me pedir, eu vou voltar. — *Puff* sorriu. — Obediência perfeita — disse. Então, pensou por um minuto e por fim continuou:

— Talvez, com meu corpo novo, eu fique um pouco diferente. Vá com calma até eu me lembrar, até eu saber quem você é. Talvez eu me sinta assustado. Os mortais, tantos os aviões quanto os humanos, demoram a se lembrar dos espíritos.

— Você como mortal — comentei, sorrindo. — Claro. Iremos com calma por um tempo.

— Até lá.

— Você quer trocar de nome, *Puff*? Por algum que expresse Determinação durante esta provação?

— Eu gosto do meu nome. Se eu fosse um avião quadrimotor de transporte e você me pilotasse ao redor do mundo... ainda assim eu seria o *Puff*. Você sabe o que isso significa. Tão frágil, mas eterno, uma expressão perfeita do amor. — Ele sorriu. — E você? Quer trocar de nome?

Dei uma risada.

— Não, obrigado. Então, manteremos os mesmos nomes. Até breve, *Puff*.

— Até lá, Richard.

As cores sumiram, o hangar voltou a ficar na penumbra, e as peças quebradas de *Puff* estavam imóveis.

A vida dele, assim como a minha, vai continuar após a morte. O que Shimoda havia falado?

D*iante de cada desastre e de cada bênção, pergunte a si mesmo: "Por que comigo?"*
Há um motivo, claro. Há uma resposta.

7

O mundo do espaço, do tempo e das aparências pode ser maravilhosamente lindo. Mas não confunda tudo isso com a realidade.

Era meia-noite, já fazia quase mil meias-noites desde a morte de Lucky, e, de repente, senti seu peso na cama do hospital. Eu já havia ouvido falar disso diversas vezes, relatos de animais queridos que, depois de já terem partido, voltavam para nos tocar outra vez.

Não havia ninguém ali, somente a crença do seu peso, mas eu sabia quem era.

— Oi, meu querido Lucky!

Não ouvi um latido, um som sequer, mas ainda assim senti seu peso tão familiar, e o imaginei outra vez no escuro, com sua pelagem cinza-chumbo e castanha, suas patas da cor da neve imaculada e seu cachecol branco, sempre tão formal.

Quantas vezes corrêramos pelos campos e prados perto de casa, Lucky, o pastor de Shetland que, por uma fração de segundo, sumia em meio à grama alta, então saltava e aparecia em meio ao campo verdejante, correndo em minha direção. Tão lindo ali, naquela noite, me observando com seus olhos escuros, usando pensamentos em vez de palavras.

— Oi, Richard. Quer correr?

— Estou com um probleminha...

Ele refletiu sobre o que eu disse.

— Eu também tive um, na Terra. Não tenho mais. E agora você também pode correr.

A terra onde acordei parecia com a minha casa, mas não tanto. Estava bem-cuidada, não tinha a natureza selvagem que eu conhecia. Como Lucky havia comentado, eu podia correr.

Ele trotou ao lado da minha perna esquerda, como tantas vezes já fizera.

Passei a caminhar para ele me acompanhar. O sol salpicava o caminho, luzes e sombras de verão manchavam a floresta. Uma tarde calma.

— O que aconteceu com você, Lucky? Você se ausentou por muito tempo.

— Eu não me ausentei. Escute: *eu não me ausentei!*

A morte é uma crença infantil de localização, de espaço e tempo. Para nós, um amigo é real quando se encontra próximo, quando podemos vê-lo, ouvi-lo. Quando ele se muda para um lugar diferente e silencioso, quando se ausenta, está morto.

Para Lucky era fácil: ele podia estar em minha companhia quando quisesse, perguntando-se por que eu não o via, não o tocava. Então percebeu que aquela era minha crença. Um dia, isso mudaria.

Ele não ficou triste ao perceber como minha compreensão era limitada. A maioria dos mortais tem esse problema.

— Eu sempre estive com você — disse ele. — Um dia você vai entender.

— E como foi morrer, Lucky?

— Para vocês foi diferente. Pareciam tão tristes. Você e Sabryna me abraçaram, e eu saí do corpo. Não lamentei, não senti tristeza. Eu cresci cada vez mais... eu me tornei parte de tudo. Faço parte do ar que você respira, estou sempre com você.

— Ah, Lucky. Como eu sinto saudade de você.

— Você sente saudade quando não consegue me ver, mas eu estou bem aqui! Eu estou aqui! Sou tudo aquilo que você amava em mim, sou o espírito, o único Lucky que você amou! Eu não parti, não morri, nunca estive morto. Você passeia todos os dias com Maya, com Zsa-Zsa pelos prados, e eu também vou!

— E Zsa-Zsa e Maya veem você, meu querido Lucky?

— Às vezes, Maya vê. Ela late para mim, quando Zsa-Zsa vê um cômodo vazio, e você não percebe.

— E por que ela late?

— Talvez eu seja invisível para ela, ao menos em parte.

Dei uma risada.

Ele olhou para mim enquanto caminhava.

— Na Terra, o tempo é diferente para nós dois — continuou. — Basta querermos para ficarmos juntos a qualquer momento, como agora.

— Não é assim no tempo da Terra. Nós chamamos isso de lembranças. Às vezes, você nos olhava, e eu sabia que estava pensando em todos nós.

— Eu ainda amo vocês.

— Quando você morreu, eu encontrei duas pessoas que se comunicam com animais. Uma na costa leste, outra na costa oeste. Mandei sua foto para elas. Cheguei a telefonar.

— E o que disseram?

— Que você era pensativo. Solene.

— Solene, não! — Ele olhou para o caminho à frente. — Eu era solene?

— Não. Você sorria muito, no último ano. Acho que você não era solene, não. A não ser naquela foto.

— Eu sorria quando você tentava se esconder de mim. Lembra? Eu ia bem na frente, fora da sua vista, então você parava, se escondia atrás de uma árvore onde eu não pudesse vê-lo.

— Isso. Eu fechava os olhos. Prendia a respiração.

— E é claro que eu o encontrava. Você me ouvia perto. Ouvia minha respiração.

— Aquilo era muito divertido, Lucky! — Dei uma gargalhada no meio da floresta.

— Eu sempre sabia onde você estava. Você não fazia ideia disso? — Os humanos, pensou ele, não eram os animais mais inteligentes da natureza, mas se mostravam bondosos com os cachorros. — Eles estavam errados sobre eu ser sério. Chegaram a lhe contar alguma coisa que eu disse?

— Você falou sobre quando morreu. Disse que nos deixou e que cresceu sem parar.

— Eu fiquei do tamanho do universo. Eu sabia que era tudo. Eles lhe disseram isso?

— Disseram que você estava sempre conosco. A cada respiração. Que fazia parte de nós.

— Perto disso. Vocês faziam parte de mim. Eu tinha a sensação de que estavam ao meu lado. Eu pensava muito em vocês.

— Também me contaram por que você morreu.

— Contaram que eu não queria ficar cansado nem doente?

— Isso.

— Então são bons comunicadores.

— Disseram que você não estava triste. Que não sentia saudade de nós.

— Eu não tinha por que ficar triste. Sabia que estaríamos sempre juntos. Eu não passei pela sensação de perda que vocês passaram. — Ele me olhou nos olhos. — Passam.

— Lucky, foi tão difícil ver você morrer e não ter uma notícia sua desde então.

— Sinto muito por isso. Mas essa é a percepção de vida limitada dos mortais. E dos cachorros mortais também. Talvez eu tivesse sentido a perda se você tivesse morrido e eu permanecido na Terra. — Ele olhou para a floresta, depois me encarou outra vez. — De vez em quando, eu voltava. Você nunca me via. Mas eu sabia que veria quando morresse. É uma questão de crença. Assim que você morrer, vai poder me ver.

"Questão de crença." O que estava acontecendo? Lucky havia se transformado num professor para mim?

— O fim de uma vida — continuou. — Nós aprendemos isso ao cruzar a Ponte do Arco-íris.

— Mas essa é uma história humana, "A Ponte do Arco-íris".

—É uma ideia afetuosa, portanto, verdadeira. Há outros casos assim, mas a Ponte é real.

—Eu perguntei se você voltaria. Eles responderam que você não sabia. Se decidisse voltar, alguém nos falaria sobre um filhotinho de algum lugar mais ao sul.

—E eu ainda não sei. Em breve, você vai se mudar. Vou ter que ver esse seu lugar novo. Preciso de muito espaço para correr. Fiquei muito mal-acostumado aqui.

Ele me encarou para ver se eu estava sorrindo.

—Duvido que eu me mude, Lucky.

—Vamos ver, então.

—Este lugar é o seu lar. E também o meu.

—Nenhum lugar na Terra é o seu lar. E você sabe disso.

Avançamos pela trilha em silêncio, até chegarmos a uma casa no topo. Lucky se deitou no alpendre. Eu me sentei perto, encostado num dos pilares do alpendre. Ele pousou o queixo no meu joelho.

—Estamos juntos agora — falei.

Ele não se mexeu, não mudou de expressão, mas me olhou de esguelha, com a expressão séria.

E, como sempre, aquilo me fez rir.

Passei a mão em seu pescoço de pelo branco como a neve, um breve carinho amoroso.

Se Lucky diz que está sempre conosco, pensei, o que isso diz sobre sua consciência? O tempo e o espaço não existem. O amor está em todos os lugares. Ele é feliz. Está aprendendo. Já não pode mais se ferir. Ele nos vê e nos conhece. Vê futuros possíveis. Pode escolher se quer viver conosco outra vez. Então me perguntei: "Se é tão fácil para um pastor de Shetland, por que é tão difícil para mim?"

A enfermeira acendeu as luzes, me virou de um lado e de outro, começou a trocar os lençóis.

— Ainda bem que você chegou — falei. — Eu já estava pegando no sono!

— São duas da manhã — comentou ela em tom suave.

— Nós trocamos a roupa de cama às duas.

Eu precisava ir embora daquele lugar. Se ficasse ali, morreria. Eu sentia falta do meu cachorro. Queria morrer.

*Um dia, vou conhecer alguém que nunca
tenha encarado um teste.
Vou perguntar: "O que você está fazendo aqui?"*

 tempo que passei no hospital deveria ter sido de
cura. Mas estava demorando demais. Fechei os
olhos, afastei-me.

Quando os abri, estava voando. Shimoda era meu ala, voando à esquerda. Havia algo de diferente com o tempo deles, pensei.

— Não está ágil o suficiente — disse ele.

— O tempo?

— A cura.

— Não. Não está ágil o suficiente. — Ganhei um pouco de altitude com o *Fleet* e circundei o topo de uma linda colina.

— Estou me saindo bem aqui, Don. Aqui, fico curado num piscar de olhos. Parte de mim está na Terra, no hospital. Você pode me encontrar lá, me curar e fazer minha vida voltar aos trilhos?

Ele permaneceu em silêncio por um tempo.

— Acho que você sabe o que as pessoas queriam, quando eu era o Salvador, não sabe? Ah, sim. Claro que eu sabia: "Me cure. Me alimente. Me dê dinheiro."

— Desculpe.

Ele não respondeu.

Dei meia-volta e segui para o lugar de onde havíamos levantado voo, o campo de feno.

— Será que você pode pelo menos me dar um curso a jato sobre como curar as pessoas? Eu nunca lhe pedi para me ensinar isso, mas é que o meu jeito... ele é tão lento.

— O seu jeito é o jeito como você quer se curar. — Ele se aproximou, e voamos em formação próxima. — Quer que eu faça isso por você, que o cure num piscar de olhos na Terra? Assim você não precisa aprender nada. Vai me permitir fazer isso?

Era tão fácil: deixar a cargo dele. Então, depois, alguém pergunta: "Como você se recuperou daquele acidente? Você está bem! E de uma hora para a outra!" E eu digo: "Não sei, um Salvador me curou."

— Bem, não — respondi. — Só me dê algumas dicas, para agilizar as coisas para mim, para eu fazer do meu jeito.

— Se eu lhe der dicas, a cura será obra sua ou minha? Você não quer ser curado agora, só quer saber o que fazer quando voltar à Terra. Você vai esperar que um salvador lhe cure, em vez de dar ouvidos à sua própria compreensão? Sua compreensão não funciona?

— Não — respondi. — Eu mesmo cuido disso. Obrigado. Eu sei o que fazer. Só preciso de prática.

— Você precisa de prática — constatou ele.

Fiz cara feia para ele, encarando-o através dos metros que separavam nossas cabines. Ele abriu um sorriso inocente.

Shimoda sabe alguma coisa sobre cura que eu não sei. O que eu sei sobre voo que alguém que não voe não saiba? Será que é a mesma coisa?

Eu sei que existe um princípio de aerodinâmica que funciona no espaço-tempo. Aviões usam a aerodinâmica. Basta aprender como as aeronaves funcionam, como os controles funcionam, algumas regras simples, e fica fácil pilotar um avião.

Eu sei que há um princípio de espírito, pensei. Funciona sem o espaço-tempo. Eu estou sujeito a esse princípio, tanto em espírito quanto naquilo que acredito ser meu corpo. Basta aprender como o espírito funciona, algumas regras simples, e fica fácil viver a vida espiritual perfeita.

— Fios de alta-tensão à frente — disse meu ala.

Por que eles usam fios de alta-tensão aqui? Na terra do espírito, os fios são inúteis, os telefones são desnecessários.

— Os fios, entendido — respondi. Vou treinar o voo através deles. Não serão um problema.

Em questão de segundos os nossos aviões chegaram aos fios, voaram através deles. Nada aconteceu.

Tudo bem, pensei. Aqui os acidentes não existem. O que eu preciso fazer, na Terra, para me curar num piscar de olhos?

Praticar.

Qual será a sua biografia?
"Naquele momento, sua vida parecia bem desanimadora.
Então (insira seu nome) fez uma coisa surpreendente..."

Quando era garoto, eu me deitava na grama e me imaginava na ponta de uma nuvem. As nuvens eram macias e quentes. Como meu espírito era mais leve que o ar do verão, eu podia ficar lá o tempo que quisesse, vagar com elas para onde me levassem, observar aquele rincão da Terra. Eu me perguntava que aventuras me aguardavam, sabia que viveria ali até a hora de encontrar tempos e lugares diferentes.

— Foi isso que aconteceu após o acidente? Eu fiquei voando em uma nuvem?

— A sensação era essa — respondeu Shimoda. — Algo parecido com isso.

— E por que isso aconteceu?

— Você esqueceu. Quer que eu adivinhe?

— Quero.

— Você queria que sua vida terminasse em meio ao caos. Queria que não fizesse sentido, uma vida linda até que uma fiarada o prendesse, o matasse e destruísse seu avião. Esse foi o fim da sua história, e isso...

— *Destruísse meu avião?* Terminar a vida em meio ao caos, talvez. Quanto a não fazer sentido, isso não é muito a minha cara, mas os fios destruindo o *meu pequeno Puff*? Impossível!

— Talvez eu tenha me enganado. Por que você acha que se chocou contra os fios depois de passar cinquenta anos desviando deles, desviando de outras aeronaves, desviando do solo, desviando de uma infinidade de patos, águias, abutres, tempestades, raios, nevascas, falhas de motor, noites escuras, geadas, névoas, incêndios...

— Eu tive sorte? — arrisquei.

— Você teve sorte durante cinquenta anos, e então ela simplesmente foi embora?

— Você quer que eu saiba, não quer? Você acha que "azar" não é a resposta. Acha que eu não vou me conformar com uma resposta como "azar".

— Muita gente aceita o "azar". Você não? Diga por que atingiu os fios, quase se matou. Todos dizem que você ainda pode morrer em consequência dos ferimentos. Você matou *Puff*...

O que ele disse acordou minha mente silenciosa, secreta.

— Não, Donald. Eu não me matei, *e eu não matei Puff.*

Ele deu de ombros.

— Você não entende? Eu tive uma vida privilegiada — continuei. — Nada me acontece sem um bom motivo. Nunca houve nada que ameaçasse a minha vida, ou a de *Puff*. Eu nunca precisei lutar contra algo que pudesse me matar.

— Então, Richard, você pensou que acertaria os fios de alta-tensão e talvez deixasse de viver?

— Eu sabia exatamente o que aconteceria. Eu apagaria e conversaria com meus amigos de espírito enquanto meu corpo lutaria contra a morte. Eu não morreria, embora soubesse que poderia mudar de ideia se me cansasse disso e me rendesse. Eu queria lutar uma batalha longa e árdua, e sair dela vitorioso um ano depois. Também queria que *Puff* voltasse. Ele fez de tudo para me manter vivo, e funcionou. Sua asa recebeu o impacto...

— "Uma batalha longa e árdua." E não é exatamente isso que está acontecendo?

— Bem, é.

— E, quando você voltar a voar, se é que isso vai acontecer, será o fim da sua história?

— Uma parte dela, sem dúvida. — Voltar a voar é um final encantador para a história, cujo começo foi a luta pela sobrevivência, passando pelo encontro com os guias espirituais e com os personagens dos nossos livros, culminando com os esforços para voltar a viver. — Por isso o acidente. Por isso acertei os fios, os fios de alta-tensão grandes e invisíveis. Eu resvalei na morte para voltar a viver.

— E você vai escrever sobre o que aconteceu?

— Talvez. Você não percebe que, nos últimos segundos, *Puff* sofreu cada momento do impacto para que eu sobrevivesse, para que voltássemos a voar juntos no futuro? Meu desafio é não morrer antes de a história chegar ao fim.

— Sua vida tem muito drama. Já considerou a hipótese de se tornar um Salvador?

— Não. Escute. — Pela primeira vez, o caos fez sentido.

— Meu trabalho, Don, é me reconstruir, reconstruir *Puff*, regressar das nossas crenças, reconstruir enquanto vivemos nossos piores dias, enquanto *Puff* vive seus piores medos e eu vivo os meus.

— Por isso você é escritor? Para viver essas aventuras?

— Por isso talvez eu viva toda essa história: vida e morte, e vida outra vez. Por isso eu sou eu mesmo, nesta vida.

— Dramático, positivo e não fictício. Você poderia ter feito isso em uma obra de ficção.

— Ah, eu poderia ter feito isso em uma obra de ficção! — Pensei sobre o assunto. — Não. Como ficção, nenhum leitor acreditaria que isso aconteceu. Na não-ficção, porém, talvez digam: "Que história interessante."

— Você fez tudo isso para ter uma história interessante, Richard?

— É isso que fazem os mortais. Nós amamos as nossas histórias.

Se aceitamos que o mundo não é o que parece, então precisamos lidar com uma questão importante: o que fazer a respeito disso?

Quando acordei outra vez no hospital, estava sozinho. O lugar era deprimente. Um cômodo apertado com paredes de concreto e uma janela com vista para a cidade de Seattle. Concreto por todos os lados, exceto por um vislumbre do estuário de Puget, algumas poucas árvores e, bem ao longe, o aeroporto.

Aquilo fazia parte da minha história? Era tanta luta naquele lugar. Em um ano aquilo não passaria de uma mera lembrança, mas naquele momento era o presente. Eu queria me reconstruir, mas não com os problemas com médicos e enfermeiros.

Eu nunca havia vivido em um aglomerado minúsculo como aquele, sem ter onde caminhar, isso se eu soubesse como caminhar. Hora após hora, dia após dia, um relógio de parede marcava o tempo com os ponteiros, que Sabryna me ensinou a ler.

Eu era um alienígena inteligente, não sabia nada sobre este mundo, mas me inteirei depressa. Não conseguia me levantar, faltavam-me forças. E graças a Deus também me faltavam forças para comer a comida do hospital.

Meu corpo havia perdido bastante peso. Sem perceber, eu estava morrendo de inanição. Meus músculos não existiam... como eu perdera uma parte tão expressiva do meu corpo em tão pouco tempo?

Eu precisava me reconstruir outra vez, sem forças para caminhar — isso se eu soubesse como caminhar —, sem comida e sem vontade de aprender o que o hospital queria que eu fizesse.

Ainda assim, em algum lugar, um guia espiritual sussurrou que aquilo não podia piorar. Não chegou a mencionar que a qualquer momento eu poderia morrer por causa dos medicamentos, ou pela falta deles. Disse-me que tudo dependia de mim. Eu precisava reunir a vontade de viver e fazer algo com ela.

Aquela cama de hospital era meu túmulo. Quanto mais permanecesse deitado ali, mais fraco eu me sentiria, até que por fim eu precisaria usar todas as minhas forças para morrer.

Não parecia justo eu me encontrar estendido em uma cama com rodinhas que eles poderiam simplesmente empurrar até o necrotério e dar meu caso por encerrado: "Sobreviveu ao acidente, mas as outras coisas, as complicações, os remédios, o mataram."

Teria eu me saído melhor se simplesmente tivesse permanecido no campo junto a *Puff*? Se aquilo era o melhor, o que teria sido o pior?

Morrer traz a sensação de paz e alegria. Morrer é vida! Eu poderia ter permanecido ao lado do meu avião por algumas horas e me dado o deleite de morrer. Os mortais têm tanto a aprender, eles acham que a morte é uma espécie de inimiga, o pior dos destinos! Coitados: de jeito nenhum. A morte é uma amiga que nos leva de volta à vida.

No entanto, eu batalhei como se fosse um mortal. Não me tornaria um inválido. Eu precisava aprender a comer, aprender a andar, aprender a pensar e falar. A correr outra vez, a fazer cálculos mentais, a decolar com *Puff* outra vez, a voar para qualquer lugar, a pousar suavemente, a ponto de ouvir a grama resvalar nos pneus outra vez. Antes disso, eu precisaria reaprender a dirigir, algo terrivelmente mais difícil, mais perigoso do que reaprender a voar.

Todas essas tarefas essenciais estavam em suspenso na minha pequena cela de hospital. Alguns médicos, algumas enfermeiras, eles achavam que aquele era um lugar tranquilo para os feridos. Eram pessoas boas, os que conheci.

Eu precisava sair de lá!

Para cuidar de mim, Sabryna alugara um quarto perto do hospital. Ela conversava comigo todos os dias, me ouvia falar do desejo de voltar para casa, me falava de uma única realidade, que voava livre do sonho: "Você é uma expressão perfeita do Amor perfeito, bem aqui, agora mesmo. Não resta nenhuma sequela."

Sem sua consciência firme do outro lado dos medicamentos, será que eu teria morrido? Teria.

Como eu poderia levar isso cabo, exausto, ferido, incapaz de me sentar ereto num ângulo superior a trinta graus sem colete ortopédico, colete esse que fazia minhas costas doerem mais do que o esforço de me sentar?

Descobri que tinha doenças que só podem ser contraídas num hospital. Gastei oito linhas para listá-las aqui. Eu as escrevi e as apaguei.

Essa pessoa que tanto detestava fisiologia e biologia a ponto de matar essas matérias no ensino médio se viu, de repente, apodrecendo no hospital.

Nem me fale dos medicamentos, não quero nenhum deles. Mesmo assim, ali estava eu, com aqueles que acreditavam nos hospitais em vez de acreditar nos espíritos, pedindo que eu tomasse um monte de remédios, e mansamente obedeci.

Três meses em um hospital! Eu aguentei, aprendi a ficar de pé, pensava em caminhar, até que, por fim, minha disposição de seguir em frente com as greves de fome, minha contrariedade para atender aos desejos deles, meus constantes pedidos de que, por favor, me deixassem ir para casa prevaleceram. Eu não me importava que ir para casa fosse questão de vida ou morte. Só me deixem *ir*!

Como eu estava prestes a morrer, eles redigiram um documento no qual me transferiam para um asilo de doentes terminais. Disseram que a transferência era justificada por "Falta de espírito de sobrevivência".

Sabryna ficou indignada:

— Ele não vai morrer! Ele vai se recuperar por completo! Está indo para casa!

Relutante, um dos médicos mudou o prontuário: "Indo para casa."

Até que enfim! Chega de sentir vontade de morrer! Lucky sabia que eu ignorava... que nós nos encontraríamos em breve.

De repente, eu pude voltar a ver atrás das janelas tão familiares, as ilhas que rodeavam a casa, os pássaros, o céu, as nuvens e as estrelas. Havia uma cama de hospital alugada na minha sala de estar, mas nada de ruas, nada de concreto. Ao meu redor, os livros e dois ajudantes que cozinhavam e cuidavam de mim.

Como será que Donald Shimoda teria me curado, caso eu tivesse lhe pedido ajuda? Conhecendo sua verdade, não teria demorado nada, a cura teria sido completa e instantânea.

O que preciso fazer agora? Eu não tinha a ajuda do meu amigo, nenhuma ajuda, exceto a do meu senso do que é certo.

Eu pensava sobre a morte. Como qualquer pessoa, eu já passara por situações das quais escapara por frações de segundo, passara raspando, mas nunca por algo que testasse meu senso do que é certo em longo prazo, nada que me pressionasse dia após dia com suas insinuações:

— Você não consegue ficar sentado, não consegue se levantar, não consegue andar, não consegue comer (ok, não quer comer), não consegue conversar, não consegue pensar, já não percebeu que é um caso perdido? A morte é tão doce, não requer esforço, você pode desistir, deixe a morte levá-lo para outro mundo. Escute o que eu digo. Morrer não é como dormir, é um recomeço.

Essas sugestões são ótimas quando nos sentimos desesperadamente exaustos. Quando tudo parece impossível, é mais fácil simplesmente desistir de uma vida inteira.

No entanto, quando queremos continuar com uma vida que ainda não acabou, ignoramos as sugestões.

O que devo fazer para voltar a viver?

Praticar.

Praticar: Eu me vejo perfeito, a cada segundo uma nova imagem de perfeição, repetidas vezes, segundo após segundo.

Praticar: Minha vida espiritual é perfeita neste exato momento. O dia todo, todo dia, a perfeição permanece na minha mente, ciente de como sou perfeito em espírito. Eu sou uma expressão perfeita do Amor perfeito, aqui e agora.

Praticar: Escolho a alegria, pois já sou perfeito, agora, um retrato perfeito do meu eu espiritual. Constantemente, sempre, perfeito. O Amor me conhece desse jeito, e eu também.

Praticar: Eu não sou um ser humano material. Eu sou uma expressão perfeita do Amor perfeito.

Praticar: Na medida em que sei disso, a perfeição do meu espírito afetará minha crença do corpo, irá transformá-lo num espelho do espírito, livre dos limites do mundo.

Praticar: O corpo já é perfeito em espírito. A Terra é um mundo que oferece crenças de doença. Eu as rejeito. Eu sou uma expressão perfeita do Amor perfeito.

Praticar: Não são as falsas crenças que nos atrapalham, mas, sim, o fato de as aceitarmos, lhes darmos poder. Eu nego esse poder, rejeito-o. Eu sou uma expressão perfeita do Amor perfeito.

Praticar incessantemente, nunca deixando de ser um reconhecimento da perfeição. Quando eu paro de praticar? Nunca.

No começo, eu dei seis passos, exausto nos últimos três. Eu sou uma expressão perfeita do Amor perfeito.

No dia seguinte, vinte passos: eu sou uma expressão perfeita do Amor perfeito.

No dia seguinte, cento e vinte: eu sou uma expressão perfeita do Amor perfeito.

No começo, eu ficava tonto só de me manter em pé. Isso passou com a prática, com as constantes repetições do que eu sabia ser verdade.

Eu sou uma expressão perfeita do Amor perfeito, bem aqui, agora mesmo. Não resta nenhuma sequela.

Praticar o equilíbrio, uma pequena plataforma giratória e um travesseiro macio de espuma no canto até conseguir permanecer de pé, eu sou uma expressão perfeita do Amor perfeito, sem cair.

No devido tempo, eu abandonei os pijamas e comecei a usar roupas normais. Eu sou uma expressão perfeita, comecei a caminhar na esteira ergométrica.

Duzentos passos num dia.

Trezentos no seguinte.

Quinhentos metros.

Comecei a levar os pastores de Shetland, Maya e Zsa-Zsa, para passear, quase um quilômetro numa estrada de terra, descendo e subindo ladeiras. Eu sou uma expressão do Amor perfeito.

Dois quilômetros... uma expressão perfeita do Amor perfeito. Três quilômetros. Eu não estou distante do Amor. Quatro quilômetros. Comecei a correr. Eu sou uma expressão perfeita.

As afirmativas eram verdadeiras. Não havia mais nada no mundo, exceto meu amor por Sabryna, meu amor pelos pastores de Shetland.

O amor é real. Tudo o mais, sonhos.

Um a um, os remédios foram abandonados, até que por fim não restou nenhum.

Eu sou uma expressão perfeita do Amor perfeito, bem aqui, agora mesmo. Não vai restar nenhuma sequela.

A questão não eram as palavras, mas o efeito que surtiam na minha mente. Cada vez que eu as pronunciava, ou Sabryna, eu me via como um ser perfeito, e a minha mente acreditava nisso.

Eu não me importava com a aparência do meu corpo físico. Eu me via de forma diferente, um ser espiritual e perfeito, repetidamente.

Ao ver e sentir isso, eu me transformei em meu espírito perfeito, e o espírito criou algo, algum derivado do que eu acreditava ser meu corpo, que refletia o eu espiritual.

Se eu sei como isso funciona? Não faço ideia. O espírito vive além das ilusões, nos cura das crenças que temos nelas.

Minha missão é dar passagem para sua verdade, ficar fora do caminho do espírito. Isso é tão difícil assim?

11

O melhor a fazer é viver de acordo com o que acreditamos ser correto, com a maior dignidade possível, e deixar que o Princípio do acaso assuma o controle.

Por sete meses, *Puff* descansou no hangar, com as asas e os suportes amassados nas laterais, os destroços da cauda e do casco ainda uma fotografia do acidente.

Eu fui ao nosso hangar, não para vê-lo, mas para ver seu corpo no mesmo estado em que algumas pessoas viram o meu.

Era como se um monstro com mãos gigantescas de vinte metros de comprimento tivesse simplesmente agarrado *Puff* em pleno voo, o esmagado entre os dedos e atirado os destroços no chão. Quando ele parou de se mexer em meio ao fogo que começava a se espalhar pela grama, a fera perdeu o interesse e se afastou.

No entanto, seu espírito não sofrera ferimentos. Ele estava adormecido, sonhando que voava.

Em dois segundos, *Puff* fizera tudo que podia e salvara minha vida. Agora, era minha vez de salvar a dele.

Um homem que construíra e reconstruíra diversos hidroaviões de pequeno porte, um especialista chamado Jim Ratte, chegou pouco depois de mim. Coincidência. Seu negócio não fica na região noroeste, mas milhares de quilômetros a sudeste, na Flórida.

Sua presença me alegrou, mas eu não esperava boas notícias. Muito provavelmente ele diria que o acidente havia sido bem feio, que muita coisa havia se quebrado. Que era melhor comprar um novo avião.

Ele não disse uma palavra enquanto inspecionava o corpo de *Puff* no hangar: viu buracos no casco, a proa arrebentada, a fuselagem da popa amassada, o motor e a hélice quebrados, o radiador esmagado, o pilão destruído, uma chuva de peças espalhadas por causa do impacto.

Olhei o interior da cabine. Através do plexiglass quebrado, vi os instrumentos de *Puff* estilhaçados, o painel torto, os controles emperrados. Os tubos de alumínio da estrutura estavam retorcidos, uma peça pesada estava partida em duas, a um centímetro de onde estivera a minha perna.

A tela de uma das asas, e da cauda, estava completamente amassada, como se fosse uma página repleta de palavras inúteis que um escritor joga no cesto de lixo. A cobertura da cabine se partira um centímetro acima da minha cabeça. "Por que eu não morri?"

Afinal, Jim falou, quebrando o silêncio no hangar. Eu estava paralisado, aguardando o que ele ia dizer.

— Já peguei casos bem piores.

Fiquei sem palavras. Aquele homem já havia reconstruído aviões *bem piores*? Ele pôs a mão delicadamente no piso quebrado.

— Se quiser, posso fazer a reconstrução. Basta colocar tudo em uma van fechada, inclusive as asas e a cauda quebradas, claro, e ir até a minha loja. Ele não está tão mal quanto você pensa, e daqui a alguns meses vai voltar a voar em perfeitas condições.

Pela primeira vez desde os fios de alta tensão, desde o acidente, eu fiquei feliz por *Puff*. Quando eu finalmente fizesse a prova para recuperar o brevê, quando eu finalmente voltasse à Flórida, *Puff* estaria pronto para voar!

Simples. Em vez de *Puff* se ver em um beco sem saída, Jim Ratte de repente apareceu no hangar.

— Eu posso reconstruí-lo.

Em questão de segundos, tão rápido quanto o acidente, senti o coração mais leve.

Conforme havíamos prometido, *Puff* e eu iríamos voar!

Se este mundo é uma obra de ficção, então assim que descobrirmos o que é fato, saberemos qual é o nosso poder sobre as aparências.

— O que está acontecendo, Don? Segundos antes do acidente, o pouso estava correndo perfeitamente. Mas agora eu sei o que aconteceu... minha própria memória, era tudo fictício!

— Todas as vidas são fictícias, Richard.

— Você também é?

Ele deu uma risada.

— Este eu que você vê, esse você que eu vejo, somos todos ficção.

— Não tenho tanta certeza disso...

— Vou lhe contar uma historinha. Antes de alguém pensar no tempo, havia uma única força em todo o universo. O Amor. Ele era, é e sempre será a única coisa Real, o único princípio de toda vida. Ele é imutável, não ouve ninguém. Você pode chamá-lo de Deus ou de Diabo, dizer que Ele não existe, que é cruel ou amoroso, mas ele não escuta, não se importa. Ele é Tudo. Ponto final. Quando começamos a parecer ser, nos nossos mundos de forma e fantasia, nosso universo transformando imagens cambiantes de pó de estrelas, o Amor não fez nada. O Amor é o único É, além do espaço, além do tempo, em qualquer lugar, em todos os lugares.

Ele parou de falar.

Escutei o silêncio.

— E...? — perguntei. — O que ele fez?

— Nada.

— Continue a história. Eu quero saber o que aconteceu.

— Você já sabe. A história acabou.

— E quanto a nós?

— Nada. Somos fictícios. A realidade tem alguma coisa a ver com os sonhos?

— E o que podemos fazer para nos tornarmos reais?

— Nada. Nós já somos reais. A vida mais profunda que existe em nós é o amor. Não existe mais nada. Ao refletir essa realidade, não podemos morrer. Nós não vivemos aqui, no mundo do espaço-tempo. Nada vive. Nada vive em lugar algum, exceto o amor.

— E qual o sentido da vida aqui?

— Onde?

— No espaço-tempo. Deve haver alguma razão para ela.

— Não, não há. A realidade não dialoga com crenças, não escuta. A realidade não toma forma, pois formas limitam, e o real é Tudo, ilimitado.

— E não importa se somos bons ou maus?

— Não. O que é bom para uma pessoa é mau para outra. Para o Tudo, as palavras não significam nada. Ele é indestrutível, é para sempre, é puro Amor.

— Nós não somos nada para o... o Tudo?

— Nossa única vida é a expressão do É, do Amor. Não o que fazemos, mas o amor em si. Você não vai conseguir entender isso enquanto viver no mundo do espaço-tempo, na terra das crenças no dano e na morte.

— Você está dizendo que eu posso morrer a qualquer momento?

Ele deu uma risada.

— O amor que você conhece, esse é imortal. Os aborrecimentos, o ódio, o desejo de que as coisas sejam diferentes, tudo isso some no minuto em que você se desapega do mundo que parece ser. Some. O que é real, o que não se dissolve, isso é seu para sempre. Assim que perceber que você é imortal, declarar o poder do Amor mesmo que ele lhe pareça invisível, você irá muito além das ilusões do espaço e do tempo. Em toda a história, o único poder que você nunca perde é o de se desvencilhar do espaço e do tempo, o prazer de morrer, que não é perverso, que chega em forma de amor, para todos.

— Então, quem é você? Você é uma imagem, um amigo que é apenas um pensamento materializado, que chega quando estou pronto para morrer?

— Todos mudamos de acordo com a crença dos mortais. Eu também estou mudando.

— E como é sua aparência quando não se apresenta como pensamento materializado para mim?

— Eu não me pareço com nada. Não tenho forma. Talvez uma leve centelha de luz, talvez nem isso.

— E um dia eu serei assim? Serei um amigo seu, também sem forma?

— Um dia? Que tal agora?

13

Eu não rezo para que o É me reconheça. Eu rezo para reconhecer o É, o Amor perfeito onipresente, muito além das minhas crenças tolas.

Após onze meses acreditando no poder do Amor, pensei estar bem invulnerável ao fracasso. Eu conseguia andar, correr, me sentia leve e saudável, não queria voltar a ser o que era antes.

Meus assistentes, aquelas queridas almas que haviam me ajudado diariamente, tinham partido para atender a outros pacientes, levando consigo a história do meu sucesso como parte do sucesso deles.

Eu estava cozinhando minhas próprias refeições, me exercitando, cuidando dos pastores.

Quando eu pensava em retrospecto, algo que fazia todos os dias, ficava maravilhado. Eu sei que a morte não existe, o fim total da consciência. Sei que podemos passar de uma consciência para outra, uma troca suave e fácil, tão fácil quanto conversar ou perder um sonho.

Contudo, por que eu passei por aquela situação com o cômodo/dirigível, sem ninguém para me dizer uma palavra sequer? Todos os outros que morriam ouviam palavras amáveis das pessoas daqui. Sim, alguém escrevera a frase pedindo que não se abrisse a porta. Francamente, eu não precisava daquele aviso, mas teria aceitado de bom grado a presença de um guia que me explicasse o que eu estava vendo:

— Bem-vindo ao seu sonho do que existe no pós-vida. Eu serei seu condutor durante o trajeto. Queríamos lhe fornecer um avião, mas, levando em conta a pressa da sua viagem, minha ideia de um artefato flutuante teria que bastar, então esperamos que se sinta à vontade. Você terá três chances de permanecer aqui ou voltar à Terra... — Alguém o corrigiu: — ... ou voltar à Terra que você conhece. Por favor, pronuncie as três respostas com clareza. Você não vai se lembrar de parte do trajeto, pois podem sugerir escolhas diferentes do seu desenho de vida. Esperamos que tenha desfrutado a viagem e que não a compartilhe com ninguém. Seu itinerário foi projetado especialmente para você, e não será uma viagem para outras pessoas.

Fim dos sonhos. Hora de voltar às minhas decisões como mortal.

Fui ver meu amigo Dan Nickens após me recuperar do acidente. Ele me ofereceu um quarto de hóspedes na casa que divide com sua esposa, Ann, na Flórida. Não costumo fazer isso. Nunca. No entanto, após superarmos testes e obstáculos dois anos antes, quando voamos com nossos pequenos hidroaviões de costa a costa... o pior havia sido os tubarões do golfo do México, as areias do Vale da Morte... bem, isso é outra história, mas éramos amigos.

Nossa aventura, agora, era descobrir se eu ainda sabia voar.

Dan e *Jenn*, o avião dele, uma gêmea de *Puff*, como eles são importantes para nós! Após o acidente, Dan voara o mesmo trajeto que eu fizera com *Puff*. Quase o mesmo, pois já haviam consertado os fios de alta-tensão.

— Não havia como você enxergar aqueles fios — disse ele. — O sol atrapalhou a sua visão, eles estavam na direção de onde você faria a aproximação final. Sua única alternativa seria ter feito a aproximação final na outra direção, com o vento a favor.

— Não faz diferença. Eu fui o responsável. Estava pilotando o avião.

— Eu sei. Mas seria impossível ver os fios.

Dan mencionou de passagem que *Jenn* dispunha de um jogo reserva de asas e um leme de cauda... Será que *Puff* gostaria de ficar com ele? Se quisesse, seria seu.

Fantástico, pensei. A asa direita de *Puff* era basicamente um destroço, sua cauda fora amassada, um acordeão esmagado contra o chão. Ainda assim, os dois aviões haviam voado juntos de uma ponta à outra do país, haviam compartilhado quilômetros e mais quilômetros, lagos, rios e desertos. Agora, *Puff* estava fora de atividade. *Jenn*, sua irmã, lhe oferecia vida.

Como *Puff* estava sonhando, aceitei o presente em seu nome.

No dia seguinte, entrei na cabine de *Jenn*, com Dan no assento do copiloto, e, após dez meses em terra, dei partida no motor e taxiei a aeronave descendo pela rampa até a água. Levantei as rodas enquanto ela flutuava, e taxiamos devagar conforme o motor aquecia. Rodas levantadas, bomba de reforço ligada, flapes abaixados, compensador ativado. Faltavam poucos segundos para o motor ficar pronto. *Jenn* só estava esperando por mim.

— Ok, Dan?

— Ela é sua. Quando quiser.

Manete aberta no máximo, em questão de segundos *Jenn* estava voando, e atrás dela o spray de água levantada pairava no ar como flocos de neve caindo em pleno verão. Estávamos voando.

Dez meses em terra, uma mente repleta de lembranças arruinadas, que chegou a questionar se um dia eu voltaria a caminhar, se eu voltaria a voar, e lá estava o solo, sumindo abaixo, junto com esses questionamentos.

Apesar de todos os meus temores, no ar eu me sentia em casa, como sempre havia sido.

Não era por voar ser uma tarefa difícil, ou pelo fato de os pilotos adorarem os mil desafios que a atividade comporta.

Os pilotos gostam dos desafios do voo instrumental, do voo acrobático, do voo de altura, do voo com hidroavião, do voo com aviões multimotores, do voo empresarial, do voo de cross-country, do voo de carreira, do voo em formação, de corridas, do voo com aviões caseiros, do voo com antiguidades, do voo com ultraleves, do voo com aviões de guerra. Apesar das diferenças, cada um deles traz a sensação de que estamos unidos na arte de voar, de que tocamos a beleza do voo.

Mesmo com todos os meus temores, eu me sentia em casa ao voar, como sempre havia sido. Tentei fazer alguns pousos na água, e, como sempre, foi tudo bem simples. Então realizei alguns pousos em pistas de grama, e todos me trouxeram a sensação de familiaridade. Voar se tornara uma atividade ainda mais fácil do que era meses antes.

Semanas depois, fiz o exame para tirar o brevê: uma hora de prova oral, uma hora de prova de voo. Então, recebi de volta a licença para voar, e sozinho.

Por que cheguei a pensar que poderia ser difícil? Os mundos que amamos, será que em algum momento eles são difíceis?

14

Como seria nossa vida sem provações, dificuldades, aventuras, riscos?

Dias depois, recebi notícias de Jim Ratte, o reconstrutor. O corpo de *Puff* estava em sua oficina já fazia onze semanas. Todos os sinais do acidente tinham sumido — a frente quebrada, o para-brisa estilhaçado, os metais retorcidos, a tela rasgada, a fibra de vidro destroçada, o motor fora tirado para revisão. Os interruptores e a fiação haviam sido trocados, os circuitos testados, os rádios consertados. As asas, presente de *Jennifer* para *Puff*, já estavam finalizadas, pintadas e instaladas.

Um dia depois de ter o corpo reconstruído, *Puff* voltou à vida, seu motor respirou outra vez. Pronto para voar! Ele não tinha lembrança alguma do ocorrido.

Naquela noite, não consegui dormir. Durante meus sonhos entrecortados, eu o vi tinindo outra vez, com a proa pousada na areia da orla do lago. Voltar a tocá-lo foi um puro deleite. O prazer que senti foi inenarrável.

— Ele tem uma linda alma, o pequeno *Puff* — disse Shimoda, sentado na areia, contemplando o reflexo do sol no avião.

— As máquinas têm alma, Don?

Eu sabia que *Puff* tinha, conversara com ele sempre que voávamos.

— É claro que tudo aquilo que reflete beleza tem alma.

— Ele é de metal e fibra de vidro.

Shimoda sorriu.

— Você é de sangue e ossos — disse.

— E quanto a você?

Ele deu uma risada.

— Eu sou um pensamento materializado, lembra? Tudo o mais foi você quem inventou. Nós inventamos.

— Você tem alma, Donald, um espírito para expressar a Vida perfeita, o Amor perfeito. *Puff* não tinha?

— O espírito repousa sobre o corpo. O espírito tudo cura.

— Cura a morte.

— Mas nem é necessário. A morte é outra faceta da vida. Você viu isso... ela é o amor, passando de uma vida para outra.

Ele estava certo. Depois de visitarmos a morte, depois de vermos a beleza que nos aguarda, nosso medo se esvai. Antes, não havia livros sobre essa nossa experiência com a morte. Mas hoje as prateleiras estão cheias, e os livros se encontram à espera de serem lidos. Agora, temos acesso às crenças, às experiências de tantos outros.

— E quanto a *Puff*?

— Você o viu com os próprios olhos. Quando ele sofreu o acidente, seu corpo estava sem vida, assim como o seu quase também ficou. Mesmo assim, vocês conversaram. Ele não sentia dor, desconforto. Nem você, enquanto esteve inconsciente.

— Eu queria ter conversado com ele na época.

— Ah, essa crença dos sete dias em que você acha que não se lembra de quase nada. O que pode ter acontecido? Você não conversou com ele, né? Que estranho.

— Alguma coisa aconteceu. Eu lembro. Era fundamental deixar o corpo de *Puff* pronto, para seu espírito nos encontrar outra vez, neste mundo. Acho que fiz uma promessa a ele, de que voltaríamos a voar.

— Perceba, Richard, que você está começando a recordar. Você acha que essa história é invenção da sua cabeça. Pode até ser. Mas você é quem vai dizer o que isso significa.

Olhei para ele e esbocei um sorriso.

— Se eu lhe disser uma palavra, você pode me dizer o que significa?

Ele olhou para mim e fez que sim com a cabeça.

— Valkaria.

Shimoda riu.

— Você anda aprendendo sobre mitologias, não anda?

— Não. O que significa *Valkaria*? Não escolhi essa palavra. É sério. Significa...?

— As *valkarias* são as filhas do deus nórdico Odin. Eram valquírias. Escolhiam quais guerreiros morreriam nas batalhas.

E os levavam para casa. Eles se tornavam heróis... ou heroínas, voltavam à vida. — Ele sorriu. — É isso que você precisa saber?

Não respondi. Voltei a escutar o que ele havia me contado.

— Richard?

— Don, o lugar aonde levamos *Puff* após o acidente, o hangar onde Jim Ratte o reconstruiu para voltar a voar, sabe o nome do lugar?

— Não, não faço ideia. Diga.

— O nome do aeroporto é Valkaria.

Olhei para *Puff* outra vez. Ele dormia. Não disse uma só palavra, mas estava feliz, pronto para testar um corpo outra vez. Nossa história chegara ao ponto onde tínhamos prometido que chegaria. Ninguém, além dos espíritos e dos amigos sábios, diria que a nossa história era uma obra de ficção.

15

Quantos de nós contamos com personagens fictícios, ou que nunca conhecemos, entre nossos melhores amigos?
Eu conto.

Na quinta-feira, eu voei com Dan e *Jenn* até o aeroporto Valkaria. Pousamos e taxiamos até o hangar de Jim. Do lado de fora, ao sol, vimos *Puff* de novo e pela primeira vez.

Eu não o via desde que havia sido descarregado do caminhão, praticamente uma pilha de sucata. Mas ali, um ano, três semanas e três dias depois do acidente, *Puff* era o mesmo de antes, o mesmo do passado.

Como se o acidente nunca tivesse acontecido, como se o Tempo soubesse que tudo aquilo não passava de um erro, não restava uma evidência sequer do que acontecera. *Jenn* parou no hangar das valquírias de Jim, para se encontrar com o destemido, o herói que renascera após dar a própria vida por mim.

Eu o acariciei, rodeei-o devagar. Ele estava dormindo, coberto por uma capa para cabine com seu nome bordado na cor do céu vespertino.

— Desculpe — disse o Tempo, que havia perdido o passo mas já estava se recuperando, então emendou o erro nesse exato instante.

Caminhei até *Puff*, encostei a cabeça no tecido macio de sua capa e desatei a chorar de tristeza e alegria por aquele momento. Porque ele havia passado por muita coisa, e eu também, e por estarmos ali, nós dois, vivos outra vez! Não havia qualquer rastro do acidente.

Não havia necessidade de lamentar por *Puff*, pensei, porque ele estava comigo naquele instante, o espaço e o tempo haviam confirmado a afirmativa que pronunciáramos com tanta frequência: "Você é uma expressão perfeita do Amor perfeito, aqui e agora."

Nunca havia existido um tempo como aquele na minha vida: alguém, sem dúvida, destruído, quer eu gostasse ou não. Ficou provado diversas vezes que *Puff* estava morto, matérias tinham sido veiculadas, fotos tiradas. Mas então chegou aquela manhã, e de uma hora para outra ele estava vivo outra vez, e eu também. Os destroços não passavam de mera fotografia. Eu não vivo em imagens de papel, tampouco ele. *Puff* estava ali, pronto para voar!

Eu teria seguido chorando, mas parei, enxuguei as lágrimas. Se eu precisasse, choraria com ele em algum lugar com privacidade, não ali.

Dei outra volta ao seu redor, deixando as lágrimas secarem. Não havia nenhuma pilha de sucata. Nem no hangar, nem em lugar algum. Não existia. *Puff* estava ali, como sempre estivera: o corpo perfeito, o espírito dormindo tranquilo.

Ele não dizia nada. Podia ter sido fruto da minha imaginação. Captei um balbucio vindo dele: "Quem é você? Onde estou? Deixe-me em paz!"

Puff, sou eu! Estamos vivos outra vez, nós dois!

Sem resposta, nem um balbucio. Ele voltara a ser um avião, uma máquina que não se recordava de seu espírito, que nem sonhava com o que havíamos vivido. Será que sua lembrança era falsa, assim como a minha tinha sido? Será que ele esquecera o que havia feito para salvar minha vida?

Meu corpo também tinha sido uma máquina incapaz de se lembrar: "Que quarto é esse? Quem é você? Onde estou? Podemos ir embora agora?"

"Richard, até que eu me lembre, até que eu saiba quem você é, vá devagar", pedira-me seu espírito.

Eu demorei um tempo. Com ele, seria a mesma coisa. E tempo era algo que eu poderia lhe dar.

Depois de mais alguns cumprimentos, que talvez não tenham passado de fruto da minha imaginação, chegou a hora de ir embora. Meu amigo Dan estava calado.

— Hora de ir — falei.

Ele assentiu com a cabeça e entrou na cabine de *Jenn*.

Pela primeira vez em um ano, eu acionei a chave principal, acionei a bomba de reforço, acionei o afogador e ambos os magnetos. O que será que *Puff* sentiu?

Não sentiu nada. Ele se lembrava de ser um avião, não um espírito. Sua hélice começou a girar de imediato, o motor ligou e se estabilizou, os indicadores dos instrumentos aumentaram, a pressão do óleo, a temperatura do óleo, o tacômetro zumbindo a duas mil RPM. Tudo isso acontecia, mas *Puff* não parecia tão desperto quanto antes. Parecia um avião.

Seus instrumentos anunciaram a boa-nova: tudo pronto.

Eu me despedi de Jim sem saber expressar o que ele havia feito nas nossas vidas, quanto do meu espírito ele e suas valquírias recompuseram quando subitamente deixaram *Puff* em perfeitas condições. Ele já sabia. Ele já sabia.

Taxiamos por longas pistas até o fim da pista de decolagem principal. Dan se posicionou à frente e à esquerda da linha central, e fiquei com *Puff* à direita, mais atrás.

Motores ligados, flapes abaixados, bomba de reforço ligada.

Ele sinalizou: Pronto para ir?

Assenti com a cabeça.

Dan olhou para a frente e pôs o motor na potência máxima. *Jenn* começou a se mexer.

Fiz o mesmo com *Puff*: aceleração total, freios desligados. "Lá vamos nós, *Puff*!"

Não ouvi uma palavra dele, nem de Shimoda, Lucky ou Bethany Furão. Ele avançou e nos submergiu no som de seu motor. Mantive uns trinta metros de distância atrás de Dan, para o caso de o motor de *Puff* falhar. Mas não falhou. Parecia uma máquina nova e poderosa, e tudo funcionou conforme Jim disse que funcionaria.

Se *Puff* não estava acordado, eu estava, e muito. Durante os primeiros voos, qualquer coisa pode acontecer, é quando você pode esperar alguma falha. Mas nada falhou. Quando Dan nivelou a menos de trezentos metros, eu puxei o acelerador e fui para a velocidade de cruzeiro. O motor desacelerou e passou a zumbir baixinho, quase inaudível dos campos e rios que se descortinavam abaixo de nós.

Os pântanos da Flórida se estendiam à nossa frente. Há muito mais pântanos no estado do que terrenos habitáveis! Aos poucos, comecei a relaxar, e tudo aconteceu ao contrário do que vinha me preocupando, exatamente o que eu esperava ver.

Dan desceu e passou acima de um lago.

— Levantar rodas — anunciou.

Ele ia pousar na água. Eu tinha voado por cinco minutos, e ele sugeriu que pousássemos na água.

— Rodas levantadas — repeti, voltando a me preocupar.

Reduzi a velocidade, sem pensar no que *Puff* poderia dizer, abaixei os flapes, chequei as rodas outra vez, enquanto o mundo se erguia ao nosso encontro. À frente, a água estava plácida, sem aves, sem jacarés, somente ela e nós. Nivelado a centímetros da superfície, desci *Puff* com cuidado. Tomara que nada se quebre no primeiro contato com a água, pensei.

Os sons seguintes foram o do casco tocando a água, o de um leve salto e o do casco tocando o lago outra vez. Enquanto reduzíamos, uma tempestade de borrifos se formou antes de pararmos e ficarmos flutuando. Dan e *Jenn* haviam descido antes e observaram nosso pouso.

Nenhuma peça se separou; obrigado, Jim. *Puff* taxiou devagar, como se fosse um barco no lago. Pouco depois, decolamos outra vez, como dois pássaros selvagens se lançando ao céu.

Respirei fundo. Tudo funcionava conforme deveria. *Puff* voltara a ser jovem, voava perfeitamente! Eu não parava de pensar nisso. *Puff* está vivo! E eu também! Estamos voando!

O que me preocupava era o fato de que *Puff* não dizia nada. Mas eu nem deveria me sentir assim. Ele pediu um tempo para se acostumar a ter consciência outra vez. Aviões não precisam falar. Aquele costumava conversar comigo, e voltaria a conversar. Paciência.

Uma hora depois, com o vento mais fraco que antes, enxergamos nossa casa, uma lâmina azul de água.

Realizei um descenso tranquilo até a superfície da água. Quando o spray do pouso na água sumiu, quando *Puff* parou, eu baixei as rodas, segui *Jenn*, toquei a orla que se estendia diante da praia, e chegamos em casa. Nem um só problema no ar, na água, no pouso.

Os motores dos irmãos foram para marcha lenta, e, em questão de segundos, pararam. Silêncio.

Por um minuto, tudo ficou quieto, então dei uma risada. A sensação era nova para mim. Agora que não precisava checar os instrumentos de *Puff*, agora que *Puff* havia passado uma hora e meia no ar outra vez... tudo havia funcionado! Todos aqueles meses torcendo para Jim fazê-lo voar. E ele conseguiu. E Dan dissera que voaríamos juntos naquela tarde, cada um em seu avião. Voamos.

Dan também riu. Aquilo se tratava de abrigar sonhos impossíveis, sonhos que não são possíveis quando esperamos por eles, mas que, mesmo assim, aos poucos, se realizam, se acreditarmos neles. Impossíveis. Verdadeiros. Engraçados.

Cada um se acomodou em sua cabine a poucos metros de distância um do outro.

— Fantástico, Dan! *Puff* voltou a voar!

— E ele é lindo nos céus. Eu esperei muito por esse voo.

— Incrível. Simplesmente incrível. Quando o sonho de um ano inteiro se torna realidade...

Ele saiu da cabine e fez um carinho na asa de *Puff*.

— O que ele disse sobre voar com você outra vez?

— Nada. Nem uma palavra.

— Nem uma palavrinha sequer? Que estranho.

— Ele me disse... meses atrás, seu espírito me disse que ele vai precisar de um tempo para se lembrar de quem é, e, talvez, voltar a falar.

— Que bom. Eu acredito no *Puff*.

Havia algumas coisas pendentes a fazer, coisas pequenas. Amarrar um indicador de guinada, passar, no dia seguinte, anticorrosivo em todas as partes novas...

— Dan — chamei. — Jim não usou um parafuso sequer da fuselagem antiga, das asas e da cauda. Nem um! Agora eu vou ter que passar graxa em um milhão de parafusos novinhos em folha.

— Aplausos para ele.

No dia seguinte, Dan e eu voamos em nossos respectivos aviões, fizemos mais pousos na água. Enquanto levantávamos voo após o pouso no último lago, *Puff* disse:

— Oi.

E nem mais uma palavra pelo resto do voo. O espírito de *Puff* tinha razão sobre seu renascimento. Está tudo lá, no espaço e no tempo, o acidente, as notícias publicadas ao redor do mundo, mas não havia uma única matéria falando de voarmos juntos outra vez. Nem um relato da primeira palavra de *Puff*.

Naquela noite, sonhei que voava com *Puff*, acompanhado de meu amigo Donald Shimoda.

— Um dia elas vão acabar? — perguntei. — As ilusões?

— Claro que vão. No momento em que acreditamos que estamos distantes do Amor, entramos no mundo das Aparências, seja por um instante ou até por um bilhão de anos. Todos os mundos, todos os mundos após os mundos, todas as possibilidades de infernos e céus, tudo isso dança conforme a música das nossas crenças. Até onde sei, as crenças só falam um idioma: o das ilusões. Se deixamos as ilusões irem embora, as crenças somem. O Amor vai estar com você neste mesmo instante, como sempre esteve.

— E você não está lá, em comunhão com o Amor?

— Não. Eu sou um guia espiritual, assim como você.

— "Assim como você"? Lamento, Donald, acho que está enganado. Eu sou um lobo aprendendo a andar com pernas de pau. Vivo caindo.

— Pode ser. Mas, para os mortais, o que importa é que você terminou a história que se tornou tão importante desde que você e *Puff* viveram a ilusão do acidente. Você não morreu,

Puff não morreu. Você sobreviveu inteiro, aprendeu, exercitou o jeito como o espírito muda a crença do corpo.

— Bem, eu tinha que tentar. Funcionou para mim. Isso vale para todo mundo?

— Não. Não vale para quem está convencido de que a crença não pode modificar corpos.

Pensei no que ele disse. Ouvi a afirmação da minha querida amiga Sabryna. Eu a pronunciara milhares e milhares de vezes no ano anterior!

Então, sussurrei a única frase da minha história que sempre será verdadeira para você, querido leitor, e também para mim:

— Eu sou uma expressão perfeita do Amor perfeito, aqui e agora.

— fim —

Este livro foi composto na tipologia ITC Stone Serif
Std, em corpo 10/18, e impresso em
papel off-set 90g/m² no Sistema Cameron da
Divisão Gráfica da Distribuidora Record.